ISTRIEN & DALMATIEN

Michael Pröttel

Mit Tourenkarten zum Heraustrennen

W0191334

DER AUTOR
Michael Pröttel, geb. 1965, Studium der Geografie und Landschaftsökologie, tätig als Journalist und Fotograf, u. a. für die Zeitschrift Bergsteiger. Die historischen und geografischen Besonderheiten europäischer Gebirgslandschaften sind seine Leidenschaft. Außerdem befasst er sich intensiv mit natur- und sozialverträglichen Tourismuskonzepten. Er ist Vorsitzender der Alpenschutzorganisation MOUNTAIN WILDERNESS Deutschland.

Eine Produktion des Bruckmann-Teams, München
Lektorat: Solveig Michelsen, Dr. Renate Dernedde
Herstellung: Hubert Bertele und Team
Layout und Satz: Der Buchmacher, Arthur Lenner, München
Kartografie: Anneli Nau, München

Bildnachweis
Alle Fotos auf der Umschlagvorderseite und im Innenteil vom Autor

Alle Angaben dieses Werkes wurden vom Autor sorgfältig recherchiert und auf den aktuellen Stand gebracht sowie vom Verlag auf Stimmigkeit geprüft. Für die Richtigkeit der Angaben kann jedoch keine Haftung übernommen werden. Für Hinweise und Anregungen sind wir jederzeit dankbar. Bitte richten Sie diese an den Bruckmann Verlag, Lektorat, Postfach 80 02 40, 81602 München, E-Mail lektorat@bruckmann.de.

Gedruckt auf chlorfrei gebleichtem Papier

Die Deutsche Bibliothek – CIP Einheitsaufnahme
Ein Titeldatensatz für diese Publikation ist bei
Der Deutschen Bibliothek erhältlich.

Gesamtverzeichnis gratis:
Bruckmann Verlag GmbH, 81664 München
Internet: www.bruckmann.de

PIKTOGRAMME ERLEICHTERN DEN ÜBERBLICK:	Schwierigkeitsgrad:		Weglänge
	◯ leicht		Gehzeit
	◑ mittel		Höhenunterschied
	● anspruchsvoll	☺	kindgerecht

ZEICHENERKLÄRUNG ZU DEN TOURENKARTEN

A4 · 9	Autobahn
40	Hauptstraße
	Landstraße
	Nebenstraße/Ortsstraße
	Fahrwege
	Forstweg
	Fußpfad
	Bahnlinie mit Bahnhof
Ⓐ—Ⓔ	Tourenführung mit Anfangs- und Endpunkt
	Tourenvariante
Turin	Sehenswerter Ort/Stadt
▲	Gipfel
⌣	Pass
● ▼	Quelle - Wasserfall
P	Parkmöglichkeit
Ⓗ	Bushaltestelle
▭	Bahnhof
Ⓔ Ⓐ	Anfangs-/Endpunkt
➤	Richtungspfeil
10	Touren-Nr.
○—○	Seilbahn
▪——▪	Gondelbahn
👣	Fernwanderweg

❋ ☀	Aussicht
✕ ⌂	Einkehr/Hütte
⛪ ✝	Kirche/Kloster
♜ ⬧	Turm
🏛	Museum
♨	Therme
▮ ⬧	Denkmal
🏰 ⛤	Schloß/Burg/Ruine
Ω	Höhle/Grotte
🏛 ••	prähistorische Fundstelle
🏖	Strand
Ⓒ Ⓒ	Camping
✕	Rastplatz
ℹ	Information
+	Bildstock
♠	Markanter Baum
❋ ✳	Landschaftlicher Höhepunkt/Sehenswert
✿	Mühle
✈	Flughafen
⇌	Tunnel
→	Randhinweispfeil
N 0 —— 1 km	Maßstableiste (1 : 100.000)

INHALT

Istrien und Dalmatien – für Wanderer immer noch ein Geheimtipp

Längst hat sich der Tourismus an der kroatischen Riviera von den Schäden und den Negativschlagzeilen erholt, die der jugoslawische Bürgerkrieg mit sich brachte. Hierbei ist jedoch ein starkes Nord-Süd-Gefälle festzustellen: Während Istrien und die Inseln der Kvarner Bucht so beliebt sind, dass einsame Buchten in der Hochsaison nicht leicht zu finden sind, gibt es an den Küsten und Inseln südlich von Split noch viele Orte, die sich mehr Sommergäste wünschen würden. Hier wie dort wird man auf Schusters Rappen weitgehend allein sein, so dass diese wunderschöne Mittelmeerregion in Bezug aufs Wandern weiterhin als absoluter Geheimtipp gelten darf. Eigentlich verwunderlich – wo kann man sonst schon nach einer Bergwanderung in kristallklares Mittelmeerwasser springen?

Land und Leute

Der Fluss Cetina durchbricht hier das Mosor Gebirge.

Kroatien besteht aus zwei geografischen Einheiten, die südwestlich der Hauptstadt Zagreb aneinander stoßen. Während das nach Osten ziehende pannonische Tiefland keine Küstenanteile besitzt, bilden **Istrien**, die **Kvarner Region** und **Dalmatien** den westlichen, an der adriatischen Küste gelegenen Schenkel des Landes. Zwei Landschaftstypen prägen

diese einzigartige Mittelmeerregion: die parallel
zur Küste verlaufende **Di-
narische Gebirgskette** mit
ihren bizarren Karstfelsen
und der dem Gebirge **vorgelagerte Küstenstreifen**
mit seinen tief eingeschnit-
tenen Buchten und den un-
zähligen vorgelagerten Inseln. Den eindrucksvollsten

*Dichte Bu-
chenwälder
an der Land-
seite des Ve-
lebit*

Einblick in den fast schon alpinen Charakter des Küstengebirges
bietet der Paklenica Nationalpark: Keine 10 Kilometer vom Meer
entfernt erreicht der Gipfel des Vaganski Vrh eine Höhe von 1757
Metern; der Wanderweg durch die berühmte Schlucht Velika
Paklenica wird von bis zu 400 Meter hohen, senkrechten Felswänden begleitet. Allen Gebirgen gemeinsam ist die weite Ver-
breitung aller nur vorstellbaren **Karsterscheinungen**. Diese ent-
stehen, wenn schwer lösliches Carbonatgestein (aus welchem
Kalk- oder Dolomitfels besteht, so gut wie der gesamte geologi-
sche Untergrund) unter Beisein von Kohlensäure in leicht lösli-
che Hydrogencarbonate umgewandelt wird. Das kohlensäure-
haltige Wasser schafft mit der Zeit im felsigen Untergrund ein
wahres Labyrinth von Rissen und Klüften, so genannte **Karstkar-
ren**, in denen es versickern kann, um im Untergrund große
Karsthöhlen auszuformen. Diese können in der weiteren Ent-
wicklung zu so genannten **Dolinen** (Einsturztrichtern) zusam-
menbrechen. Wo ganze Höhlensysteme zusammengestürzt sind,
können sich in der Karstlandschaft kesselartige Hohlformen, so
genannte **Poljen** bilden. In ihnen sammeln sich wasserunlösliche
Sedimente an, sodass Poljen oft die einzige Möglichkeit für den
Ackerbau darstellen. Häufig tritt am Rand einer Polje ein Fluss
aus einem Speiloch und durchfließt die Talfläche, um am anderen Ende in einem **Ponor** wieder in den Untergrund zu ver-
schwinden – nicht selten, ohne das Tageslicht bis zu seiner Mün-
dung ins Meer wiederzusehen. Solche unterirdischen Flussläufe
nennt man **Vrulje**. Man erkennt sie an der gekräuselten Wasser-
oberfläche und einer oft intensiven Blaufärbung. Tritt das Wasser
wieder an die Oberfläche des Festlandes, kann es (durch die

Fjordartige Buchten sind typisch für die kroatische Küstenlinie.

schlagartige Änderung des CO_2-Partialdruckes) den gelösten Kalk wieder ausscheiden, wodurch so märchenhafte **Travertinkaskaden** wie bei den **Plitvicer Seen** oder den Krka-Wasserfällen entstanden sind.

Für die Entstehung der für das Mittelmeer **einzigartigen Küste** (bei einer ungefähren Luftlinie von 600 Kilometer beträgt die gesamte Küstenlinie 1778 Kilometer; hinzu kommen noch die 4012 Kilometer Küstenlinie der vorgelagerten Inseln) waren hingegen keine chemischen, sondern tektonische und klimatische Vorgänge verantwortlich: Die gleichzeitig mit den Alpen aufgefalteten Küstengebirge sanken vor etwas mehr als 10 000 Jahren weiträumig ab. Gleichzeitig hob sich nach dem Ende der Eiszeit mit dem Abschmelzen riesiger Inlandeismassen der Meeresspiegel deutlich an. Die ertrunkenen Längstäler wurden zu Meeresarmen, die herausragenden Gipfelbereiche zu Inseln. Von den über 700 kroatischen Inseln sind sechs (Krk, Cres, Brač, Pag, Korčula, Hvar) größer als 200 Quadratkilometer und ebenso bewohnt wie 60 weitere Eilande. Ihrer Entstehung entsprechend besitzen die meisten Inseln aussichtsreiche Gipfel, zu denen sich wunderschöne Wanderwege hinaufziehen. Und das die Inselwelt umspülende Meer ist (mit Ausnahme der Bucht von Rijeka) mit das sauberste und artenreichste im gesamten Mittelmeer. Die Inseln selbst haben sehr unterschiedlichen Landschaftscharakter. Manche sind komplett bewachsen, während andere bizarre Steinwüsten darstellen. Bei den parallel zum Dinarischen Gebirge verlaufenden Inseln hängt der Bewuchs stark von der Exposition ab

Special

($\rightarrow$ **Klima, Flora und Fauna**). Dieser mächtige Felsriegel ist auch für eine gewisse Differenzierung der kroatischen Bevölkerung verantwortlich. Während die am Küstensaum und den Inseln lebenden Kroaten von jeher weltoffen und geschäftstüchtig sind, ist auf der Rückseite des Gebirges doch eine gewisse Zurückgezogenheit zu verzeichnen. Das spiegelt sich auch in den Fremdsprachenkenntnissen wieder: Am Meer wird man erstaunt sein, wie viele – nicht nur in der Gastronomie beschäftigte – Kroaten Deutsch, Italienisch oder Englisch sprechen. Im Hinterland besitzen höchstens ehemalige Gastarbeiter Deutschkenntnisse. Allen Kroaten gemeinsam ist jedoch eine herzliche Gastfreundlichkeit, die gewiss nicht nur von der großen wirtschaftlichen Bedeutung des Tourismus herrührt.

Das römische Amphitheater ist das Wahrzeichen von Pula.

Klima, Flora und Fauna

Die Küste und die Inseln sind von **mediterranem Klima** geprägt: Auf milde Winter mit durchschnittlichen Januartemperaturen zwischen 5 und 10 °C folgt schon im März der Frühling, wobei der vom Meer her wehende kühle Maestral die Temperaturen noch niedrig hält. Das Winterhalbjahr ist die Zeit des Südwinds Široko, der, von Nordafrika her kommend, feuchte und relativ warme Luft mit sich führt. Anhaltender Nieselregen ist die Folge. Gegen Ende Mai werden dann die ersten hochsommerlichen Temperaturen erreicht. Diese können im Juli und August die 30 °C-Marke leicht überspringen, was bei den Wanderungen (→ **Hinweise zu den Touren**) zu berücksichtigen ist. Das Sommerhalbjahr ist die Zeit des Mistral. Dieser Schönwetterwind weht bei ruhigen Hochdrucklagen aus Nordwesten, beginnt mittags gegen 11:00 Uhr und schläft in der Regel abends ein, um nach einer ruhigen Nacht am nächsten Mittag wieder zu beginnen. Baden kann man im allgemeinen von Mai bis Oktober, wobei die Badesaison im südlichen Dalmatien mit bis zu **2700 Sonnenstunden** im Jahr am längsten dauert. Die Niederschläge nehmen von den Inseln zum Gebirge hin zu: Auf weit von der Küste entfernten Inseln kann es zu Trockenperioden von über 100 Tagen kommen, während am Fuß der Gebirgsketten durchaus 2000 Millimeter Niederschlag im Jahr erreicht werden. Dieser steigt mit zunehmender Meereshöhe aufgrund des Staueffektes weiter an. Die Gebirgsketten wiederum liegen im Übergangsbereich von mediterranem und kontinentalem Klima und weisen in

Die kroatischen Inseln sind für ihren würzigen Schafskäse bekannt.

den Hochlagen **subalpine Witterung** mit gemäßigten Sommertemperaturen und kalten, schneereichen Wintern auf. So hält sich der Schnee auf dem Scheitel des Velebit (abhängig von der Exposition) bis weit in den Mai hinein; was bei 158 Tagen mit Werten unter 0 °C kaum verwundert. Berühmt sind die Dinariden für den kalten Fallwind **Bora**. Dieser entsteht am häufigsten im Winterhalbjahr bei hohem Luftdruck über dem Balkan, übersteigt die Küstengebirgsketten und fällt dann plötzlich mit voller Stärke auf das Meer. Besonders gefährdete Gebiete wie Täler, die ein leichtes Abfließen des Windes aus dem Binnenland ermöglichen oder wo der Wind durch den Stau der Bergkette große Temperaturunterschiede durchläuft, sind die Kvarner Bucht, der Velebit-Kanal, der Raum um Split und die Gegend um Dubrovnik.

Volle Blütenpracht im späten Frühjahr

Auch in anderen Gebieten an der Küste kann die Bora auftreten; sie wird sich dort jedoch etwas schwächer zeigen. Der Zeitpunkt des Auftretens der Bora lässt sich nicht exakt voraussagen, es gibt jedoch einige sichere Anzeichen: Wenn die Kuppen der Berge über der Küste bei sonst sonnigem Wetter von einer Wolkenwalze eingehüllt sind, muss man mit der Bora rechnen. Bei Seglern wie bei Autofahrern gleichermaßen gefürchtet, haben ihre Böen schon so manches Wohnmobil von der Küstenstraße abgebracht. Die Bora ist auch dafür verantwortlich, dass die dem Festland vorgelagerten Inseln auf der Landseite oft karg sind, während die Westseite von einer dichten **Macchiavegetation** bedeckt ist. Diese für das gesamte Mittelmeer typische Pflanzengesellschaft besteht aus immergrünen Sträuchern mit dicken, ledrigen Blättern, die eine hohe Wasserspeicherfähigkeit besitzen. Hauptvertreter sind Ginster, Mastixstrauch, Erika, Lavendel und verschiedene Kräuter (Thymian, Salbei, Rosmarin). Seltener gibt es auch hochstämmige Inselwälder, wobei Steineichen, Lorbeer- und Johannisbrotbäume natürlich vorkommen und Kiefern (z.B. auf Lošinj) künstlich aufgeforstet wurden. Demgegenüber ist die Ostseite des Velebit und die Umgebung der Plitvicer Seen mit

dichten Buchenwäldern sowie das gesamte Risnjakgebiet mit **artenreichen Bergmischwäldern** (Tanne, Fichte, Bergahorn, Birke) bedeckt. Für Botaniker besonders interessant sind die Karstgebiete des Velebit, wo alpine Arten (z.B. karstisches Edelweiß), eiszeitliche Reliktflora und sogar Orchideen in der spaltenreichen Felslandschaft anzutreffen sind. Ein wahres Eldorado

stellt diesbezüglich der Botanische Garten **Velebitski Botanički Vrt** (→ **Wanderung 18**) dar. Die Bergwelt Kroatiens ist auch ein wichtiges Rückzugsgebiet selten gewordener Säugetierarten wie Luchs, Wolf, Wildkatze und sogar Braunbär. Reiche Wildbestände an Reh- und Rotwild, Gämsen und Wildschweinen sind in den einsamen Bergwäldern zu Hause. Über ihnen ziehen u.a. Steinadler,

*Die Land-
schildkröte*

Wanderfalken, ägyptische Geier und Gänsegeier ihre weiten Kreise in den an den aufgeheizten Felsen aufsteigenden Luftströmungen. Gänsegeier kommen auch im Norden der Insel Cres vor, wo ihnen zu Ehren sogar ein Beobachtungszentrum eingerichtet wurde (→ **Wanderungen 11 und 22**). Während die am Velebit vorkommende Hornviper und Kreuzotter giftig sind, gelten Leoparden- und Grasschlange des Krka-Nationalparks als ungefährlich. Dieser an Wasserflächen reiche Park ist übrigens ein wichtiger Zwischenstopp für Zugvögel sowie Winterquartier von Kranich, Reiher und Wildente.

Verwaltung, Wirtschaft und Tourismus

Kroatien ist in 21 so genannte Županijas (Gespannschaften) eingeteilt, die jeweils drei Vertreter in die 2. Kammer des Sabor (Parlament) schicken. Die 1. Kammer (das Repräsentantenhaus) besteht aus 100 bis maximal 160 Abgeordneten, die alle vier Jahre gewählt werden. Nach dem Ende der nationalistischen Ära Tuđmans wurde in die sozial-liberale Koalition aus sechs Parteien große Hoffnungen gesetzt, die im Frühjahr 2000 die konservative HDZ in einem eruptionsartigen Wahlsieg ablöste. Die Hoffnungen der Menschen wurden bis jetzt aber nicht erfüllt: Nur 3 %

Special

Kroatien auf einen Blick

Küstenlänge: 5790 km

Fläche: 56 538 km²

Höchster Punkt: Troglav 1831 m (Dinarisches Gebirge)

Grenzen: Slowenien, Ungarn, Jugoslawien, Bosnien-Herzegowina

Verwaltung: Hauptstadt Zagreb
Bevölkerung: 4,55 Mio.

der Kroaten bekundeten bei einer Umfrage im Sommer 2001 eine Verbesserung unter der neuen Regierung. Nach Berechnungen der Weltbank leben 400 000 Kroaten unter der Armutsgrenze, die offizielle Arbeitslosenquote von 23 % entspricht keinesfalls der Realität. Durch die hohe Mehrwertsteuer von 22 % werden eine noch von Tuđman aufgeblähte Armee und der Verwaltungsapparat über Wasser gehalten. Ausländische wie inländische Investoren werden von hohen Zinssätzen abgeschreckt. Dementsprechend ist der sich langsam erholende Tourismus für die angespannte Wirtschaftslage von höchster Bedeutung. Die Vorkriegszahlen von ca. 8,5 Millionen Touristen pro Jahr werden noch nicht ganz erreicht, wobei ein großes Nord-Süd-Gefälle herrscht: Während man sich auf Istrien und in der Kvarner Region kaum noch vorstellen kann, dass auf Krk & Co. Mitte der 90er Jahre gähnende Leere herrschte, sind im südlichen

Poljen sind ideal für den Ackerbau.

Dalmatien noch zahlreiche Campingplätze mit Unkraut überwuchert. Gerade hier und im Hinterland freut man sich über jeden Gast – und gibt sich dabei wirklich Mühe: So wurde beispielsweise die im Krieg vollkommen zerstörte touristische Infrastruktur rund um die Plitvicer Seen wieder vorbildlich aufgebaut.

Essen und Trinken

Der Geografie des Landes entsprechend ist die kroatische Küche durch große regionale Unterschiede geprägt: Auf Istrien begegnet einem die kulinarische Nähe zu Italien in jedem Restaurant; in Dubrovnik duften auch orientalische und griechische Einflüsse aus den Kochtöpfen. Während die Gebirgsregionen traditionell für ihre Lammgerichte bekannt sind, bedienen sich die Inselköche naturgemäß der Fische und Meeresfrüchte aus dem umliegenden Meer. Österreichische Spuren findet man hingegen bei vielen der deftigen Nachspeisen, was schon beim Überfliegen der Speisekarte nicht zu übersehen ist (z.B. Palaćinke oder Štrudel).

Vrbnik – eines der schönsten Dörfer der Insel Krk

Trotz des italienischen Einflusses gibt es in Istrien eine große Anzahl typisch istrischer Spezialitäten: Eine der bekanntesten ist die
Suppe **Istarska Supa**, die aus Rotwein, geröstetem Brot
und Olivenöl hergestellt wird. Die vor allem im Landesinneren servierte **Meneštra** kommt weniger einer
leichten italienischen Minestrone als einem deftigen
Gemüseeintopf nahe. Keinesfalls verpassen darf man
die **Pasta a tartuffi** (mit Trüffel gefüllte Teigtaschen),
die ebenfalls eher im Hinterland zubereitet werden.
Ein weiteres Highlight – nicht nur für Vegetarier –
sind **Frittelle istriane** (Istrische Pfannkuchen), die
mit einer Mischung aus Ricotta, Eiern und
Grappa gefüllt werden. Sowohl auf Istrien als
auch in der Kvarner Region sind **Sarma** sehr be-

liebt, die am ehesten mit Krautwickel zu beschreiben sind. In den Wäldern nordöstlich der Kvarner Bucht gibt es viele Schwammerl, weswegen die Region auch für hervorragende **Pilzgerichte** berühmt ist. Entlang der gesamten Küste findet man Restaurants, die mit großen Grillöfen versuchen, die Gäste anzulocken. Nicht selten werden über der heißen Holzkohle ganze **Spanferkel** oder **Lämmer** stundenlang gedreht. Typisch dalmatische Fleischgerichte sind hingegen **Pašticada**, in Weißwein gekochtes Rindfleisch, und die Lammfleischsuppe **Jagječka ćorba**. Weitere Spezialitäten der Region sind der geräucherte Schinken **Prčut** und **Vitalac** (Lamminnereien vom Spieß). Im südlichen Dalmatien trifft man häufig auf **Musaka** (Hackfleischlasagne mit Auberginen) und **Ajwar** (mehr oder weniger scharfes Mus aus Paprika, Zwiebeln, Tomaten, Auberginen), die beide auf Einflüsse der südöstlichen Nachbarn zurückgehen.

Auf den Inseln muss man auf Pag unbedingt den würzigen Schafskäse **Paški sir** und auf Unije die örtliche **Olivenpaste** probieren. Auf Krk ist das Regionalgericht **Bašćanske šurlice** (Nudeln mit Käse der Insel) besonders zu empfehlen.

Meeresfrüchte haben einen hohen Stellenwert.

Bei den **Weinen** sind die istrischen Sorten marktführend. (Bei den Fremdenverkehrsämtern der Halbinsel ist ein Faltblatt zur Istri-

Special

Restauranttypen

Konoba: Ursprünglich nur Weinkeller und daher oft in urigen Gewölben. Heutzutage werden hier einfache, für die Region typische Gerichte serviert. Zutaten oft aus eigenem Anbau.

Gostionica: Auch hier werden traditionelle Gerichte serviert, wobei Auswahl und Preisniveau etwas größer bzw. höher sind.

Bife: Einfache, günstige Kneipe, in der kalte Gerichte und einige wenige warme Speisen angeboten werden.

Pizzeria: Aufgrund der italienischen Einflüsse haben Pizzerien eine gewisse Tradition und bieten eine gute Alternative zu oft recht deftiger Hausmannskost.

Kavana: In den landestypischen Cafés reicht das Spektrum von gutem italienischen Cappuccino auf Istrien bis zu schwarzem türkischen Kaffee im südlichen Dalmatien.

Slastićarna: Entspricht am ehesten unserer Konditorei, in der es neben allerlei Süßgebäck auch Kaffee und Eis gibt.

schen Weinstraße gratis erhältlich.) Der am häufigsten getrunkene Tropfen ist der **Malvasier**. Er ist stroh- bis goldgelb und hat ein an Akazienblüten erinnerndes Bouquet. Das Gegenstück hierzu ist der dunkle, herb-trockene Rotwein **Teran**, der aus den *Der Markt von Split*

Refosktrauben gewonnen wird. Auf Istrien werden zudem bekannte Rebsorten wie **Merlot**, **Cabernet-Sauvignon**, **Muskat** und **Pinot** erfolgreich gekeltert. Aus der – wie der Name schon sagt – einheimischen Rebe **Hrvatica** wird ein hervorragender Rosé hergestellt. Dalmatien wiederum ist für relativ schwere Rotweine bekannt. Sorten

wie **Platvac**, **Dingač** oder **Postup** erreichen nicht selten einen Alkoholgehalt von 15 %. Während die Inseln Krk und Pag mit den Sorten **Žlahtina** beziehungsweise **Žutica** wirklich exzellente Weißweine vorweisen, sollte man auf Hvar einen der beiden Rotweine **Pharos** oder **Varac** genießen. Nach dem Essen wird oft ein selbst produzierter **Grappa** angeboten, der außerhalb von Istrien **Losa** genannt wird. Man findet ihn auch an Straßenständen, wo er zumeist mit allen möglichen eingelegten Kräutern verkauft wird. Und zum Schluss: Auch Biertrinker werden an den einheimischen Sorten (vor allem Karlovac) bestimmt nichts zu beanstanden haben.

Hinweise zu den Touren

Die kroatischen Küstengebirge und Inseln besitzen eine sehr große Anzahl an landschaftlich wunderschönen Tourenmöglichkeiten. Während die Kroaten diese an Wochenenden durchaus selbst gerne nutzen, kommt das Gros der Touristen nur zum Baden oder allenfalls Motorradfahren an die adriatische Küste. Daher sind die meisten Ziele – mit Ausnahme der Plitvicer Seen und der Krka-Wasserfälle – auch zu Ferienzeiten nie überlaufen; bei so anspruchsvollen Touren wie der auf den Sisol wird man selbst in der Hochsaison vollkommen allein sein.

Beste Wanderzeit

Generell sollte man beim Wandern die Mittagshitze vermeiden. Gerade bei den Wanderungen an der Küste und auf den Inseln bietet es sich an, die Morgenstunden zum Wandern zu nutzen und sich am Nachmittag einfach ans Meer zu legen. Die 30 Berg- und Küstenwanderungen in diesem Buch weisen ein breites Schwierigkeitsspektrum bezüglich Kondition und Orientierung auf. Dementsprechend bieten sich verschiedene Wanderungen auch zu unterschiedlichen Jahreszeiten an. Während manche Küsten- und Talwanderungen das ganze Jahr über zu empfehlen sind (z.B. Wanderungen 1, 20, 27) sind anstrengendere Gipfelanstiege im Hochsommer nicht zu empfehlen (z.B. 4, 24) – außer man startet in aller Herrgottsfrühe! Andererseits muss man in den Hochlagen des Risnjak und des Velebit die schneereichen Winter berücksichtigen: Hier sind weite Abschnitte der Wege noch bis Ende Mai vom Schnee bedeckt. Die Touren rund um die Plitvicer Seen und im Krka-Nationalpark sind rund ums Jahr möglich, wobei die Wasserfälle im späten Frühjahr bzw. im Frühsommer wegen der großen Wasserführung am beeindruckendsten sind. Diese Zeit ist zum Wandern ohnehin wohl die beste – auch wenn das anschließende Bad im Meer noch etwas frisch ist.

Anforderungen

Die kroatische Karstlandschaft stellt zum Teil hohe Anforderungen an die Trittsicherheit des Wanderers. Diese werden beim **Tourencharakter** besonders hervorgehoben. Ich habe bei der Auswahl der Touren versucht, bezüglich **Gehzeiten** (mittleres Tempo, Pausen nicht eingerechnet) und **Anstiege** für jedes Niveau etwas anzubieten. Das Kriterium »**kindergeeignet**« bezieht sich auf Kinder um die sechs Jahre, die keine ausgesprochenen Stubenhocker und Bewegung gewohnt sind. Die angegebene **Weglänge** ist eine ungefähre Schätzung, da man die reale Horizontaldistanz einer an Serpentinen reichen Strecke schwer messen kann.

Ausrüstung und Orientierung

Die zum Teil scharfen Karstfelsen erfordern festes Schuhwerk, das wegen der im Sommer heißen Temperaturen aber nicht zu warm sein sollte. Während man auf den Hochlagen der Dinarischen Gebirge auch im Sommer einen winddichten Anorak ge-

Sonnenuntergang an der Kvarner Bucht

Vorbildliche Markierung

brauchen kann, reicht unten an der Küste auch bei wechselhaftem Herbstwetter ein leichter Regenüberzug. Entsprechendes gilt für die Frage, ob man eine lange oder kurze Hose anziehen soll. Dabei ist zudem zu berücksichtigen, wie stark die Wege zugewachsen sind, was beim Tourencharakter angegeben ist. Überall muss man für einen ausreichenden Sonnenschutz sorgen und unbedingt genug Trinkwasser (mindestens 1,5 Liter pro Tag) mitnehmen. An die Orientierung werden im allgemeinen keine allzu hohen Anforderungen gestellt. Die **Markierungen** in den kroatischen Gebirgen sind standardisiert: roter Kreis mit einem weißen Punkt in der Mitte. Manchmal sind dünne Bäume mit zwei parallelen roten und einer weißen Linie in der Mitte gekennzeichnet. Nur bei wenigen Touren sind Wegabschnitte so stark zugewachsen oder weglos, dass man sich verlaufen könnte (z.B. auf dem Weg zum Sisol oder südlich von Veprinac). Diese Abschnitte sind im **Wegverlauf** besonders genau beschrieben.

Wanderkarten

Während man bei den Nationalparks in der Regel gutes Kartenmaterial erhält, ist der Bezug von Wanderkarten (Maßstab 1:20 000 bis 1:50 000) für die meisten Gebieten problematisch. Eine Ausnahme bildet die Ostküste Istriens, für die es eine gute Kartengrundlage des Wandervereins von Labin gibt. Aber auch auf dieser entsprechen nicht alle eingezeichneten roten Wege der Situation im Gelände. Für die beschriebenen Touren sind die Kartenausschnitte des Buches allerdings vollkommen ausreichend. Darüber hinaus ist im **Infokasten** die jeweils beste erhältliche Karte angegeben.

Was man beim Wandern noch beachten sollte

Seinen Abfall wieder mitzunehmen, ist längst eine Selbstverständlichkeit. Dass man seinen Proviant in am Weg liegenden Obst- und Weingärten aber nicht auffüllt, wird leider noch nicht von allen Wandervögeln berücksichtigt.

Seine Privatgärten mit Hof- oder gar Kettenhunden zu schützen, was sich vor allem Küstenbewohner von den italienischen Nachbarn abgeschaut haben, ist eine unangenehme Eigenart. Zumeist können die bellenden Köter nicht aus den

Gatter müssen auch wieder geschlossen werden.

umzäunten Grundstücken ausbüchsen. Finden sie aber doch einen Durchschlupf, heißt es Ruhe bewahren und in normalem Tempo weitergehen. Auf giftige Schlangen trifft man angeblich eher im Hinterland – ich bin bei meinen 30 Touren jedoch keiner einzigen begegnet. Wird man wirklich einmal gebissen, muss man die Wunde ausbluten lassen, die Extremitäten oberhalb davon abbinden (aber nicht zu lange!) und so schnell wie möglich die nächste Ambulanz oder den nächsten Arzt aufsuchen.

1 Zur Ruinenstadt Dvigrad

Schöne Talwanderung zu efeuumranktem Kastell: Limski-Kanal – Dvigrad – Limski-Kanal

 leicht

16 km

3¾ Std.

↑ 160 m
↓ 160 m

ja

Tourencharakter: Unschwierige Wanderung auf gutem Feldweg. Dieser ist allerdings fast durchwegs der Sonne ausgesetzt. Wer ein Fahrrad dabei hat, kann es bei dieser Wanderung durchaus benutzen. Es muss nicht einmal ein Mountainbike sein.
Beste Jahreszeit: Anfang April bis Ende Oktober.
Ausgangs- und Endpunkt: Beginn des Limski-Kanals.
Wanderkarte: »Poreč Bike« 1:50 000 (beim Fremdenverkehrsamt Poreč gratis erhältlich).

Markierung: Keine.
Verkehrsanbindung: Keine öffentlichen Verkehrsmittel. Mit dem Pkw von Poreč über Flengi zum Talboden am Beginn des Limski-Kanals. Hier gleich an dem von links kommenden Feldweg parken.
Einkehr: Die Restaurants Fjord und Viking am Nordufer des Limski-Kanals.
Unterkunft: Poreč oder Rovinj.
Tourist-Info: Poreč oder Rovinj. Tel. 052/42 57 97

Die erste Wanderung dieses Buches verbindet zwei besondere Sehenswürdigkeiten der Istrischen Halbinsel. Auf dem Weg vom Limski-Kanal zur Ruinenstadt Dvigrad durchwandert man ein abwechslungsreiches Trockental, das einst von einem großen Fluss durchströmt wurde.

Große Torbögen in Dvigrad

Der Wegverlauf

Dort, wo die Autostraße den Talboden des **Limski-Kanals** von Norden kommend erreicht, geht links ein Feldweg ab, dem wir fast die ganze Wanderung entlang folgen. Das zunächst weite Tal bietet vielfältiger Landwirtschaft ausreichend Platz. Bald wird das so genannte **Limski-Draga-Tal** enger, um sich anschließend gleich wieder zu öffnen und eine schöne Sicht auf die mit Mischwald bewachsenen Talhänge zu bieten. Durch das Laubwerk blitzen hier und da weiße, kompakte Kalkfelsen. Nach einiger Zeit sehen wir hoch in der Luft eine Brücke über uns, die wir auch bald unterqueren. Schließlich führt uns der Feldweg in weitem Bogen

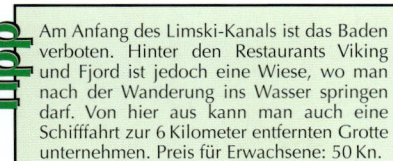

Am Anfang des Limski-Kanals ist das Baden verboten. Hinter den Restaurants Viking und Fjord ist jedoch eine Wiese, wo man nach der Wanderung ins Wasser springen darf. Von hier aus kann man auch eine Schifffahrt zur 6 Kilometer entfernten Grotte unternehmen. Preis für Erwachsene: 50 Kn.

um einen ins Tal hineinragenden Hügel. Dieser in der Geografie sogenannte Umlaufberg ist ein eindeutiges Indiz dafür, dass es sich bei dem **Limski-Draga-Tal** um ein ehemaliges Flusstal handelt, das aufgrund einer tektonischen Senkung der Istrischen Halbinsel mit zeitgleichem Anstieg des Meeresspiegels – dieser wurde durch das Abschmelzen der Gletscher am Ende der Eiszeit hervorgerufen – zum Teil im Salzwasser versank. Hat man den Hügel umrundet, sieht man auch schon das Ziel: die imposante, auf einem ähnlichen Berg thronende **Ruine von Dvigrad**.

Der Weg stößt kurze Zeit später auf eine Asphaltstraße (1:50 Std.). Dieser folgen wir nach rechts, wandern an einer schönen alten **Kirche** vorbei und stehen schließlich auf dem Vorplatz der alten Schlossanlage (2 Std.). Erfreulicherweise wird diese eindrucksvolle Ruine einer Bautafel zufolge zum Teil wieder restauriert. Der Eintritt in die alte Burg ist gratis und erfolgt auf eigene Gefahr. Durch die bewachsenen Mauerreste und Türme weisen Schilder einen empfohlenen Weg hindurch. Diesem sollte man unbedingt bis in den hintersten Teil der Anlage folgen. Denn das alte Gemäuer ist gerade dort am besten erhalten. Zudem hat man von dort einen schönen Rundblick auf die umliegende Gegend. Die mittelalterliche Stadt zählte einst über 200 Häuser, die sich um zwei Festungsanlagen gruppierten (daher der Name: dva – zwei, grad – Stadt). Wegen einer Pestepidemie in der ersten Hälfte des 17. Jhs. wurde die Stadt aufgegeben. Die Bewohner gründeten daraufhin das nahe gelegene **Kanfanar**. Wir kehren auf gleichem Weg zum Ausgangspunkt zurück (3:40 Std.).

2 Zum Aussichtsberg Oštri

Einsame Wanderung zwischen alten Feldern und lichtem Wald: Skitača – Oštri – Skitača

 leicht

 **12 km**

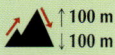 **2¾ Std.**

↑ 100 m ↓ 100 m

☺ **ja**

Tourencharakter: Angenehme, flache Wanderung auf fast durchwegs guten Wegen. Nur der kurze Anstieg über den Gipfelrücken zum höchsten Punkt ist nahezu weglos.
Beste Jahreszeit: Ende April bis Ende Oktober.
Ausgangs-/Endpunkt: Kirchenvorplatz von Skitača.
Wanderkarte: Planinarsko Turustička Karta »Labin«, 1:60 000, Hrsg.: PD »Skitači« Labin.
Markierung: Rot/weiß.
Verkehrsanbindung: (Nur mit eigenem

Pkw.) In Labin folgt man zunächst der Beschilderung »Sv. Marina«, dann »Ravni«. In Ravni folgt man rechts dem Schild »Skvaranska/Cerovica« und gelangt über eine zum Teil sehr steile und schmale Straße über diese Weiler zum Bergdorf Skitača.
Einkehr: Kleines Fischrestaurant Maestral am Meer unterhalb von Ravni.
Unterkunft: Campingplatz bei Sv. Marina, Tel. 052/87 90 52; Apartments in Ravni (von privat).
Tourist-Info: In Labin, Tel. 052/85 55 60.

Blick vom Oštri auf die Kvarner Bucht

Je weiter man die Ostküste Istriens hinabfährt, desto mehr entfernt man sich vom Trubel der von Rijeka über Opatija nach Lovran sich reihenden Badeorte. Die Halbinsel südlich von Labin bietet zwar wenig touristische Infrastruktur, dafür aber umso mehr Platz für Träumer.

Der Wegverlauf

Am Vorplatz der Kirche von **Skitača** beginnt links der Friedhofsmauer ein Feldweg. An dessen linker Seite ist auch schon die erste rot/weiße Markierung zu sehen. Wir folgen ihr und gehen an einer Gabelung geradeaus. Parallel zu einer Steinmauer geht es nun leicht bergan. Wir kommen an den letzten Häusern vorbei und betreten eine Wiesenfläche. Hier verzweigt sich der Weg. Wir folgen halbrechts dem breiteren Weg und gehen immer geradeaus, wieder an Steinmauern entlang. Es geht gerade bergauf und bergab, an einem abgestorbenen Wäldchen vorbei und wieder eine Steinmauer entlang, bevor wir direkt auf eine Mauer stoßen, die sozusagen mitten auf dem Weg steht. An dieser gehen wir links vorbei. Der Feldweg wird zum Fußweg und kurzzeitig zu einem schmalen Wiesenpfad.

Über eine weitere Wiesenfläche gehen wir geradeaus zu der gegenüberliegenden Mauer und vor dieser rechts. Wir stoßen auf einen breiteren Weg und folgen diesem nach rechts in ein Wäldchen hinein (1 Std.). An einer Gabelung ist an einem Baum ein Wegweiser befestigt. Wir folgen ihm dann halblinks in Richtung »Oštri«. Auf einem schönen Fußweg geht es durch den Wald, an dessen Ende der breitere Weg wieder hinzustößt. Wir gehen geradeaus. An einer kleinen Kuppe biegen wir rechts ab und folgen einem schmäleren Pfad. Es

geht durch ein Waldstück, und der Weg wird zum Wiesenpfad. Wir lassen ein Gatter links liegen, danach leicht bergab. Kurz darauf finden wir uns auf einem kleinen Sattel wieder, der den westlich von uns liegenden **Goli** mit dem **Oštri** verbindet. Rechts von uns liegt ein Stein mit einem verblassten roten Pfeil. Dieser weist geradeaus zum höchsten Punkt. Der Weg ist nun sehr zugewachsen, und wir halten uns auf der linken Seite des zum höchsten Punkt führenden Rückens. Kurze Zeit später erreichen wir den kleinen Gipfel (1:30 Std., 531 m). Von hier ist neben der Kvarner Bucht auch die Südspitze Istriens zu sehen. Wir kehren auf gleichem Weg zum Ausgangspunkt zurück (2:45 Std.).

Variante: Wem die Wanderung zu kurz war, kann im Anschluss noch zur Südspitze der Halbinsel hinunterwandern. Der markierte Weg zur **Crna Punta** beginnt an der Teerstraße, 1200 m südlich von **Skitača**.

3 Am schroffen Kamm des Sisol

Anstrengende Überschreitung eines wilden Gebirgskammes: Restaurant Vidikovac – Bukovo – Sisol – Brseč

 anspr.

 12 km

 5 Std.

 ↑ 850 m ↓ 870 m

Tourencharakter: Diese anspruchsvolle Tour ist über weite Strecken weglos, bzw. ziemlich überwachsen. An dem bewaldeten Gipfelkamm ist absolute Trittsicherheit und festes Schuhwerk Vorraussetzung. Abgesehen von einer Strecke im Mittelteil (hier sollte man Orientierungsvermögen besitzen), ist die Wanderung gut markiert.
Beste Jahreszeit: April bis Juni und September bis Ende Oktober.
Ausgangspunkt: Restaurant Vidikovac.

Endpunkt: Brseč.
Wanderkarte: Planinarsko Turustička Karta »Labin«, 1:60 000, Hrsg.: PD »Skitači« Labin.
Markierung: Rot/weiß.
Verkehrsanbindung: Von Opatija über Lovran und Brseč zum Aussichtslokal Vidikovac. Auch mit öffentlichem Bus Rijeka – Labin.
Einkehr: Aussichtslokal Vidikovac.
Unterkunft: Privatzimmer in Brseč.
Tourist-Info: Keine.

Die Ostküste Istriens wird von einem langen Gebirgszug dominiert, der sich von Meeresniveau an der Crna Punta bis auf beeindruckende 1400 Höhenmeter (beim Gipfel des Vojak) hinaufschwingt. Ziemlich genau in dessen Mitte liegt der vom Bukovo zum Sisol reichende Gebirgskamm, zu dem unsere dritte Wanderung hinaufführt.

Felskamm des Sisol

Der Wegverlauf

Am Nordende des beim Aussichtslokal **Vidikovac** befindlichen Parkplatzes sieht man auf der Bergseite die erste rot/weiße Markierung. Hier geht es kurz steil hinauf und danach rechts an einer Zisterne vorbei. Der Weg über den schönen Südostrücken ist leider sehr zugewachsen und ziemlich steinig. Die Markierungen sind dafür großzügig angebracht. Hinter einem Wäldchen überquert man ein Steinfeld und steigt in weglosem Gelände weiter bergan. Hinter einer flachen Wiese, die man überquert, wird das Gelände leichter. Wir gelangen auf eine Kuppe und somit an den Beginn eines Kammes, der nach links steil abbricht. Der Weg hält sich ein wenig rechts der Kammlinie. Wir wandern über einen schwach ausgeprägten Rücken (1 Std.) und steigen auf der ande-

ren Seite leicht bergab. Auf der nun folgenden Wiese gibt es nur wenige Steine, was auch die Markierung spärlicher macht. Ein kleiner Rücken zieht sich zu uns herab, den wir rechts von uns lassen, und wir wandern an Steineichen vorbei. Auf dem sich anschließenden langen Wiesenhang halten wir uns eher links. Wir steigen auf der anderen Seite in einen kleinen Talkessel hinab und gehen an dessen linkem Rand geradeaus weiter. Auf der gegenüberliegenden Seite steigt der Weg wieder halbrechts bergan und quert nach rechts in einen Steineichenwald hinein. Hinter diesem geht es weiter bergan und gerade über eine schöne Blumenwiese (Markierung am Baum). Wir kommen wieder in ein Wäldchen, wo es zuerst leicht bergab, dann rechts bergauf geht. Wir erreichen eine offene Hochfläche, von der man den zum **Sisol** ziehenden Gebirgskamm sieht (1:30 Std.). Hier wandern wir nicht direkt auf diesen zu, sondern folgen den (spärlichen) Markierungen in einem weiten Linksbogen zum Ansatz des Rückens. Es geht leicht bergab, dem Südende der Mulde entlang und geradeaus weiter und wieder bergauf zum Beginn des breiten Rückens (unübersichtliche Markierung!). Wir wenden uns nach rechts und steigen ein längeres Stück weglos und recht anstrengend bergauf. Dann stößt man wieder auf Pfadspuren und Markierungen (Steinmann). Je höher wir kommen, desto schöner wird der Blick auf die Kvarner Bucht mit den Inseln Cres und Krk.

Wir bleiben etwas rechts unterhalb des Rückens und erreichen eine flache Wiese, an der man nicht der Pfadspur geradeaus folgt, sondern weiter nach rechts wandert in die nördliche Rich-

3

tung des Rückens. Kurze Zeit später ist der Fußweg wieder deutlicher und von Markierungen begleitet. Wir umgehen den buschbewachsenen Aufschwung des **Bukovo** (711 m) an seiner rechter Seite. Wir kommen auf den Scheitel der Kammlinie und sehen den weiteren Verlauf des Kammes vor uns (2:10 Std.). Dieser Aufschwung ist aber noch nicht der Gipfel! Es geht wieder ein wenig hinunter, der Weg wird kurzzeitig besser. Wir wandern an Pinien vorbei, dann leicht bergauf und wieder flach weiter. Der Weg ist hier zwar sehr zugewachsen, man kommt aber überall gut durch. An einer freieren Fläche befindet sich die Markierung links oben an einem Baum. Hier müssen wir links dem weiterhin schlechten Weg steil bergauf folgen. Wir kommen in ein Wäldchen, hinter dem uns die Markierungen zu dem felsigen Gipfelkamm führen. Diesem folgen wir im weiteren Verlauf: Entweder direkt auf der Scheitellinie oder etwas rechts davon wandern und klettern wir weiter Richtung Norden. Hierbei wechseln sich freies Felsgelände und bewaldete Teilstücke immer wieder ab (Trittsicherheit ist auf diesem Abschnitt Voraussetzung!).

Schließlich zeigt uns ein Vermessungspunkt, dass wir den Gipfel des **Sisol** erreicht haben (3:10 Std., 835 m). Nach Westen hin versperren zwar hohe Büsche die Sicht auf die istrische Halbinsel, dafür ist der Blick nach Osten hinunter zur Adria umso beein-

Ziel der Wanderung: Brseč druckender. Nach einer herrlichen Aussicht auf die Kvarner Bucht und unseren Endpunkt **Brseč** geht es dem Rücken folgend weiter nach Norden. Der Weg wird etwas besser, dafür muss man bei ein paar Felsen sogar die Hände zu Hilfe nehmen. Hier bricht der Kamm mit spektakulären Felswänden nach Westen zur Istrischen Halbinsel hinunter ab, was uns dann doch eine umwerfende Aus-

Tipp

Wem der Aufstieg von Vidikovac zu anspruchsvoll ist, kann den etwas leichteren – und wohl auch häufiger begangenen – Anstieg von Brseč aus wählen (verblasste Markierung an der Küstenstraße). Dieser ist allerdings landschaftlich längst nicht so spektakulär.

3

sicht auf diese Seite hin beschert. Der Weg hält sich kurz etwas rechts der Kammlinie, das Gelände wird freier (weiterhin gut auf Markierungen achten). Nun in ein Wäldchen hinein und an einem eindrucksvollen Felsentor vorbei. Hier wenden wir uns nach rechts und steigen durch einen Pinienwald bergab. Der Weg wird leichter, die Hauptschwierigkeiten liegen hinter uns.

Auf einer Freifläche steigt man über umgefallene Bäume, die von einem ehemaligen Windwurf zeugen. Wir überqueren eine Forststraße und gelangen wieder in waldiges Gelände. Hier stoßen wir auf einen Fahrweg, dem wir kurz nach links, dann gleich wieder nach rechts bergab folgen. Nach einem steilen Stück Forstweg folgt man einem roten Pfeil an einem bergseitigen Felsen nach links in einen schmäleren Fußweg; es geht nun flacher durch lichten Wald. Für eine Weile ist der Weg wieder etwas zugewachsen. An der darauf folgenden Weggabelung halten wir uns halblinks, gehen auf das Meer zu. Der Wald empfängt uns wieder mit einem verfallenen Haus und einem Steinwall. Der Weg wird breiter, kreuzt einen Fußweg. Wieder einer Steinmauer folgend, treten wir aus dem Wald heraus. Wir sehen das Dorf schon vor uns liegen. Weiter durch ein Gatter, und bei einer Linkskurve nicht geradeaus, sondern dem breiteren Weg folgen. Die sich anschließenden Serpentinen sollte man nicht auf den Abschneidern abkürzen. Hinter einem weiteren Gatter überqueren wir halblinks einen Fahrweg und kommen bald an ein erstes Haus. Den dortigen Teerweg verlassen wir gleich wieder, indem wir geradeaus gehen. In immer derselben Richtung geht es parallel zu einer Steinmauer bergab. (Ein weiteres Gatter wird geöffnet und geschlossen.) Ein letztes Mal überquert man einen Fahrweg und gelangt kurz danach zur Küstenstraße (5 Std.). Über die Dorfstraße erreichen wir schnell den Ortskern von **Brseč**. Hier gibt es zwar keine Wirtschaft, dafür einen kleinen Minimarkt mit eiskaltem Pivo! Zurück zum Ausgangspunkt gelangt man am schnellsten per Autostopp (gute Stelle an der Kurve südlich des Ortes) oder mit dem Bus Rijeka – Pula (Haltestelle ca. 500 m weiter nördlich, Abfahrtszeiten im Dorf erfragen).

4

Zum höchsten Punkt des Učka-Gebirges

Waldreicher Anstieg vom Meer auf den Vojak: Lovran – Liganj – Vojak – Liganj – Lovran

  anspr.

 15 km

6¼ Std.

↑ 1400 m
↓ 1400 m

Tourencharakter: Aufgrund der zu bewältigenden 1400 Höhenmeter muss man diese Tour zwar als anspruchsvoll bezeichnen; der schattige Anstieg verläuft aber auf guten Wegen und meist in angenehmer Neigung.
Beste Jahreszeit: April bis Juni und September bis Ende Oktober.
Ausgangs-/Endpunkt: Lovran.
Wanderkarte: Planinarsko Turustička Karta »Labin«, 1:60 000, Hrsg.: PD »Skitači« Labin.

Markierung: Rot/weiß und »RT«.
Verkehrsanbindung: Direkt an der Küstenstraße Opatija – Pula. Von Opatija kommend in Lovran bei Taxischild rechts hoch. »Trg Slobude«. Etwas oberhalb rechts ein Parkplatz. Nach Lovran auch mit öffentlichem Bus.
Einkehr: Unterwegs keine.
Unterkunft: Lovran.
Tourist-Info: Lovran.

Ein Steinturm am höchsten Punkt des Učka Gebirges

Der knapp 1400 Meter hohe Vojak ist ein Berg, den fast jeder Bewohner der Kvarner Bucht einmal bestiegen haben muss. Die meisten Aspiranten fahren allerdings mit dem Auto zum 950 Meter hohen Poklon-Pass, um diesen hervorragenden Aussichtsgipfel zu erreichen – und verpassen die hier beschriebene, wunderschöne Wanderung.

Der Wegverlauf

Vom Parkplatz folgen wir der Bradice-Straße (Markierungen) weiter bergan bis zum Schild »Bradice«. Hier gehen wir nach links (nicht geradeaus!) und folgen der Markierung »Učka« auf einer Steinmauer rechts eine Treppe bergauf. Die mündet in ein Sträßchen, dann geht es erst über Beton-, dann über Natursteinstufen weiter bergan. Hinter dem Wald halten wir uns bei Häusern halblinks. An einer

Gabelung geht es rechts auf betoniertem Weg steil weiter. Nach ein paar Stufen über eine Straße und wieder eine Treppe hinauf. Hinter einer Kapelle stoßen wir auf eine weitere Straße, der wir ca. 100 m nach rechts folgen. Bei einer Markierung verlassen wir sie und folgen Stufen, die sich bald verzweigen. Hier halten wir uns halbrechts. Man überquert abermals eine Straße; danach führt ein schöner Treppenweg an Steinmauern und Weinfeldern vorbei weiter bergan. Wir gehen links auf einem schmäleren Weg an Häusern vorbei. Bei einer Gabelung rechts und sogleich Stufen hinauf. Dann schlängelt sich der Weg zwischen den letzten Gebäuden hindurch (begleitet von lautem Hundegebell!) und verwandelt sich im anschließenden Wald in einen schönen Steinweg. Der Wald wird zu Pinienwald. Wo sich der Weg aufteilt, folgen wir links dem Schild »Vojak, 3:15 h« (1:10 Std.). Bald stößt man auf einen Fahrweg, den man, sich links haltend, überquert. Flach geht es dann durch einen Steineichenwald. Wir laufen ein kurzes Stück auf einem Forstweg, den wir gleich wieder halblinks Richtung »Vojak« verlassen. Nach einem schönen Fußweg kommen wir zum Wendeplatz eines Forstweges. Auf der gegenüberliegenden Seite sieht man eine rotweiße Markierung und folgt ihr in einen Fußweg. Dieser quert oberhalb eines vom Meer ins Gebirge hineinziehenden Tales und bietet schöne Blicke auf die Adria.

Die Pinien werden von Laubbäumen abgelöst – ein klares Indiz dafür, dass wir eine kühlere Klimastufe erreicht haben. An der Gabelung halten wir uns geradeaus an den Wegweiser »Vojak«. Der Weg wird erst breiter, dann wieder schmäler. Bei der nächsten Abzweigung dann halbrechts Richtung »Vojak«. Bald wird

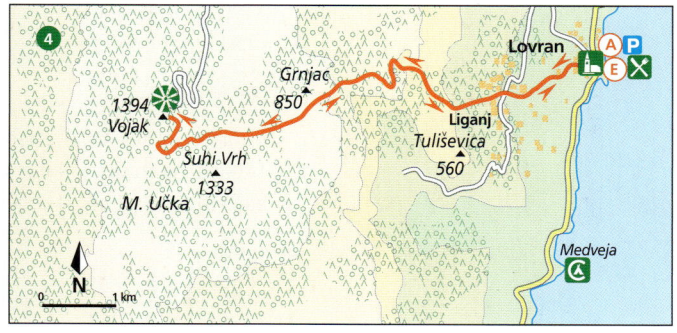

4

der steinige Weg breiter. Vor einer Steinmauer wenden wir uns nach rechts. Wir stoßen auf einen Querweg und folgen diesem ebenfalls nach rechts. Nach Überquerung einer Forststraße erreichen wir bald eine Lichtung, die einen Blick auf einen dem Hauptgipfel vorgelagerten Rücken freigibt. Dann geht es wieder in den Wald und abermals auf eine Lichtung, die wir gerade durchkreuzen (der Weg ist kurz undeutlich; rote Markierung am Pfahl). Im Wald geht es wieder steiler bergan, dann führt der Weg entlang einer Wiese. Am Waldrand folgen wir dem rechten Wegweiser, gehen gerade in den Wald hinein und auf den vor uns liegenden Hang zu. Der Weg wird etwas schlechter, was vor allem daran liegt, dass die Serpentinen zu steil angelegt sind. Nachdem wir an ein paar Felsen vorbeigekommen sind, erreichen wir einen Sattel (3:10 Std.). Dort folgen wir dem Wegweiser »Vojak« halblinks etwas bergab. Jetzt sieht man endlich unseren Gipfel durch die Bäume schimmern.

Gipfelrücken mit Traumausblicken

Nach einer weiteren Wiese gelangen wir auf einen breiten Fahrweg, dem wir über die Verzweigung hinaus geradeaus folgen. Ein
letztes Mal überqueren wir einen Fahrweg, bevor wir den zwischen **Suhi Vrh** und **Vojak** liegenden breiten Wiesensattel erreichen. Hier sehen wir zum ersten Mal die große Istrische Halbinsel. Wir wenden uns nach rechts und folgen dem Südrücken des
Gipfels. Der Weg ist zunächst etwas schlechter und steiler, wird
dann aber bald flacher und führt zuletzt oberhalb einiger Latschen ganz gerade auf den am Gipfel stehenden Turm zu
(3:45 Std., 1394 m). Hat man dessen Stufen erklommen, bietet
sich ein fantastischer Rundblick auf die wichtigsten Gebirge
Kroatiens: die weichen Hügel der Čićarija im Nordwesten, die
Felszacken im Risnjak-Nationalpark im Nordosten, der breite
Rücken des Velebit im Südosten und mittendrin die schönen In-
selberge der Kvarner Bucht. Wir kehren auf gleichem Weg nach
Lovran zurück (6:15 Std.).

5 Auf die Fluchtburg Veprinac

Vom Trubel Opatijas zu traumhaftem Bergdorf: Opatija – Veprinac – Opatija

leicht

8 km

2¼ Std.

↑ 500 m
↓ 500 m

☺ ja

Tourencharakter: Angenehme Wanderung auf zum Teil ausgesprochen schönen Natursteinpflasterwegen. Ein Stück des Aufstieges erfolgt leider auf Teerstraßen.
Beste Jahreszeit: Das ganze Jahr über möglich.
Ausgangs-/Endpunkt: Opatija.
Wanderkarte: Keine.

Markierung: Teils rot/weiß, teils grüne Wegweiser.
Verkehrsanbindung: Direkt an der Küstenstraße Rijeka – Pula. Auch mit öffentlichem Bus erreichbar.
Einkehr: Bar im neueren Ortsteil von Veprinac.
Unterkunft: Opatija.
Tourist-Info: Opatija.

Wenn man an der stark frequentierten Uferstraße von Opatija steht, kann man sich fast nicht vorstellen, dass hier eine lohnende Wanderung beginnt. Dabei ist der Anstieg zum mittelalterlichen Bergdorf **Veprinac** eine Unternehmung, die man aufgrund ihrer Kürze sogar am Anreisetag noch in Angriff nehmen kann.

Die Kapelle Sv. Ane am Eingang von Veprinac

Der Wegverlauf

In **Opatija** parkt man am besten vor dem Hotel Palace (kostenpflichtig; vom Meer aus gesehen hinter dem großen Springbrunnen). Wir folgen ganz kurz der direkt gegenüber liegenden Rakovčena Ulica und gehen gleich rechts von ihr ab, indem wir dem grünen Schild »Veprinac« folgen. Über einen Teerweg stoßen wir auf eine Autostraße, die wir nach links zur Hauptstraße hinauf begleiten. Auf dieser geht man ein Stück nach links, bis man auf der anderen Seite wieder den grünen Wegweiser »Veprinac« sieht. Nun geht es die unzähligen Stufen des Veprinački Put hinauf. Am Ende der Treppe überquert man eine Straße und steigt geradeaus weiter bergan. Bei Kiefern sehen wir die ersten rot/weißen Markierungen. Es geht an einem letzten Haus vorbei und in einen schönen Waldweg hinein. Bei einer Linksschleife folgt man dem Wegweiser rechts nach » Veprinac«. Wir gehen weiter geradeaus, an einer Steinmauer entlang zu Häusern. Dort

folgen wir schnurgerade der Teerstraße, die uns aus dem Ort heraus wieder in einen Wald führt.

Die Umgehungsstraße, auf die wir stoßen, bringt uns nach rechts zu einer Fußgängerunterführung. Dahinter wandern wir noch ein kurzes Stück parallel zur Straße und biegen dann nach links ab. Steiler geht es zu ein paar Häusern hinauf, bei der Gabelung nach links nach »Vas-Veprinac«. Weiter auf der Straße bergan und dann rechts weg in einen Fahrweg, den man gleich wieder halbrechts verlässt, um einem Fußweg zu folgen. Hinter einem letzten Haus beginnt halblinks ein wunderschöner Natursteinpflasterweg, der uns direkt zu den ersten Häusern von **Veprinac** führt. An diesen gehen wir gerade vorbei bis zu der gepflasterten Straße. Hier geht es rechts hinauf zu einem Gewölbeeingang und über schöne Treppen zum **Kirchenvorplatz** (1:20 Std.).

Für den Abstieg folgen wir bei der Pflasterstraße dem hinteren grünen Wegweiser »Opatija« nach links. Auf einem Teerweg geht es steil bergab. Wir queren eine Straße, gehen geradeaus und dann halblinks. An einem Waldrand verlassen wir den Asphalt und folgen, uns leicht links haltend, einem Fahrweg (verblichenes Schild). An einer Gabelung wieder links und dann geradeaus auf einem schmäleren Weg (markiert). Hier sollte man Kinder an die Hand nehmen, denn gleich müssen wir die Umgehungsstraße überqueren, für die es hier keine Unterführung gibt. Auf der anderen Seite folgen wir einem Feldweg und an einer Verzweigung halbrechts einem schönen Fußweg. Es ist derselbe, den wir an einer Schleife beim Anstieg verlassen haben, und wir kehren somit das letzte Stück auf bekanntem Weg nach Opatija zurück (2:20 Std.).

6 Auf den Blumengipfel Veli Planik

Zum höchsten Punkt des Čićarija-Gebirges: Poklon-Pass – Veli Planik – Poklon-Pass

 leicht

16 km

3¾ Std.

↑ 330 m ↓ 330 m

ja

Tourencharakter: Fast der gesamte Anstieg vom Poklon-Pass zum Veli Planik verläuft auf einem breiten Fahrweg. Aufgrund des vergleichsweise hohen Ausgangspunktes und des waldreichen Geländes ist die Tour auch im Hochsommer zu empfehlen.
Beste Jahreszeit: Anfang Mai bis Ende Oktober.
Ausgangs-/Endpunkt: Poklon-Pass.
Wanderkarte: Keine.
Markierung: Rot/weiß.

Verkehrsanbindung: Von Rijeka über Matulji und Veprinac zum Poklon-Pass. Darauf achten, dass man nicht in den Učka-Tunnel hineinfährt! Von Statina (Opatija) fahren öffentliche Busse (Linie 34) und auch von Rijeka (Linie 23 bis Matulij; Abfahrt jeweils 9:30 Uhr). Dort hat man direkten Anschluss zum Poklon-Pass.
Einkehr: Poklon-Pass.
Unterkunft: Poklon-Pass.
Tourist-Info: Keine.

Die Nordgrenze Istriens wird von den lieblichen Čićarija-Bergen gebildet, von der Triester Bucht bis hin zur Kvarner Bucht. Mit vergleichsweise niedrigen Gipfeln um die 800 Meter startet das Gebirge nahe Triest, erreicht dann am Veli Planik beinahe 1300 Meter, um dahinter wieder zum Meer hin abzufallen.

Eldorado für Blumenlieb-haber

Der Wegverlauf

Am **Poklon-Pass** parken wir auf dem Parkplatz vor der **Pansion Učka**. Von dort wandern wir die Straße noch ein kurzes Stück nach Westen, biegen bei der zweiten Möglichkeit rechts ab und folgen einem breiten Fahrweg (rechts Gebäude mit Schild »Veradarnik«, verblasstes »Durchfahrtverboten-Schild« und roter Pfeil am Wegesrand) bis zu einer Gabelung. Hier nach links (kurz leicht bergab) dem Wegweiser Richtung »Planik« folgen. Nun immer dem Fahrweg entlang in leichtem Auf und Ab durch schönen Bergmischwald Richtung Nordwesten. Die Zusammensetzung der Baumarten aus Buche, Hainbuche, Berg- und Spitzahorn zeigt uns, dass hier oben selbst im Hochsommer ein recht gemäßigtes Klima herrscht.

Nach einiger Zeit treten wir aus dem Wald heraus (1 Std.). Bei einer Wegkreuzung geradeaus und an der Seite eines Pinienwäldchens leicht bergan. In einer Linkskurve kann man eine Schleife des

Tipp

Wem der lange Anstieg von Lovran zum Vojak (➝ Wanderung 4) zu anstrengend ist, der kann diesen Gipfel leichter vom Poklon-Pass aus erreichen. Man folgt hierzu dem markierten Weg, der bei der Pansion Učka beginnt.

Fahrweges abkürzen, indem man auf einem etwas schmaleren Schotterweg geradeaus weiterwandert.

6

Kurz darauf trifft man wieder auf den breiteren Weg und genießt eine schöne Aussicht auf Istrien und das Učka-Gebirge. Der Fahrweg führt nun leicht bergan auf markante Kalkfelsen zu und schließlich in einem weiten Bogen um diese herum. Bei der anschließenden Weggabelung bleiben wir auf dem Hauptweg (hier also halblinks). Wieder betreten wir hochstämmigen Wald. Eine weitere Linksschleife des Fahrweges kann man halbrechts abkürzen, indem man den Markierungen folgt, die den Verlauf des alten, schmäleren Weges anzeigen. Wieder auf dem breiten Weg, geht es weiter geradeaus. Zu den Laubbäumen gesellen sich Fichten, die die Untergrenze einer kühleren Höhenstufe anzeigen. Zuerst flach, dann in steileren Kehren weiter, die man teilweise abkürzen kann. Der Fahrweg wird schließlich zu einem einladenderen Fußweg. An einer Wegkreuzung befinden sich an einem alten Baum einige Wegweiser (1:50 Std.). Wir folgen dem Schild »Planik« nach links. Der nun schmälere Pfad leitet aus dem Wald hinaus und zum Beginn des kurzen Gipfelanstiegs. Der Weg wird steiler und führt über ein paar Felsen, um schließlich – oben wieder flacher – den höchsten Punkt zu erreichen (2 Std., 1272 m). Rund um die Gipfelfelsen blühen bis Ende Juni so schöne Blumen wie Feuerlilien oder Teufelskrallen. Man kehrt auf demselben Weg zum **Poklon-Pass** zurück (3:40 Std.).

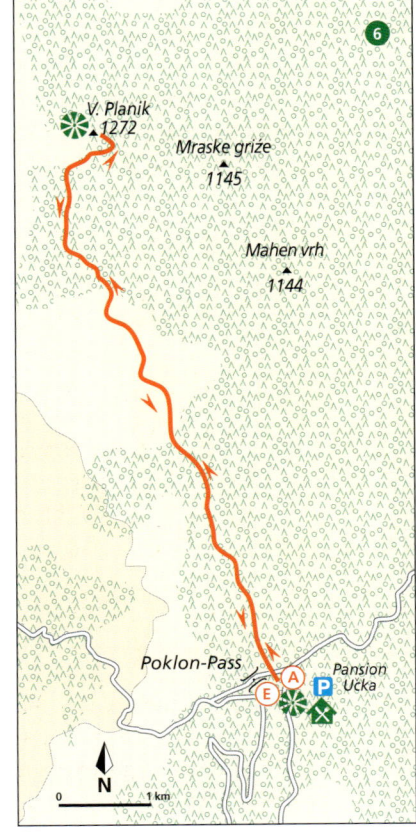

7 Von Platak auf den Snježnik

Abwechslungsreiche Rundwanderung mit Wald, Wiesenrücken und Felsgipfeln:
Platak – Snježnik – Abstecher Guslica – Platak

leicht

10 km

2¾ Std.

↑ 500 m
↓ 500 m

ja

Tourencharakter: Rundwanderung auf breiten Waldwegen und aussichtsreichen Wiesenpfaden. Selbst im Hochsommer dank des Buchenwaldes zu empfehlen.
Beste Jahreszeit: Anfang Mai bis Ende Oktober.
Ausgangs-/Endpunkt: Planinarski Dom Platak.
Wanderkarte: Nacionalni Park Risnjak, 1:23 000, J.U.N.P. Risnjak, Bijela Vodica 48, Crni Lug.

Markierung: Rot/weiß.
Verkehrsanbindung: (Nur mit eigenem Pkw.) Von der Abzweigung zum Platak (siehe folgende Wanderung) auf schmaler Straße zur Hochfläche Platak. Geradeaus wieder in den Wald und in Höhe des Planinarski Dom Platak parken.
Einkehr: Berghütte Sušak am Anfang der Platak-Hochfläche.
Unterkunft: S. o.
Tourist-Info: Keine.

Nachdem man einige Zeit durch dichten Bergmischwald gewandert ist, entpuppt sich der freistehende Kalkgipfel des Snježnik als wahre Überraschung. Auch die daran anschließenden Wiesen- und Latschenrücken bieten auf dem Weiterweg wunderbare Aussichten auf die umliegende Mittelgebirgslandschaft.

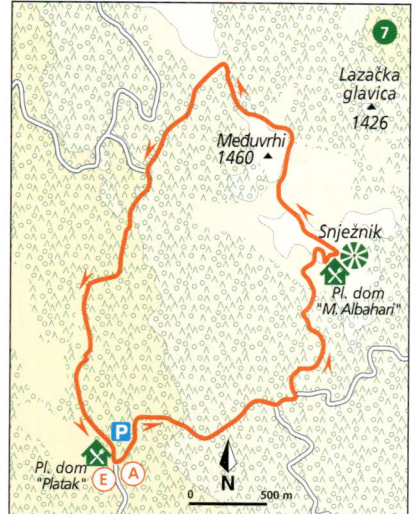

Der Wegverlauf

In Höhe des **Planinarski Dom Platak** befindet sich an der rechten Straßenseite eine Mauer mit der Beschriftung: »Snježnik, 1:15 Std.«. Der Weg verläuft zunächst entlang eines Tälchens und stößt bald auf einen Fahrweg, dem wir ein Stück nach links folgen und bei einer Freifläche rechts in einen Fußweg abbiegen. Dieser führt durch Büsche sanft ansteigend bis zu einem breiten Fahrweg: Hier kurz nach links und gleich wieder rechts weg in einen breiteren Fußweg. Wir treffen erneut auf den Fahrweg: wieder kurz nach rechts und dann links weg. Auf einem alten Karrenweg geht es bergan, wir stoßen noch einmal auf den

7

Fahrweg, bleiben auf ihm aber ein längeres Stück nach links. Bei einer Gabelung (45 Min.) folgen wir dem Schild »Snježnik kroz grlo« nach links. Ein späteres Schild markiert die Grenze des Nationalparks Risnjak. Hier links die Markierungen zu einem Fußweg beachten, der den Hang zunächst quert, um daraufhin steiler aus dem Wald hinaus zu führen. Über einen Wiesenhang gelangen wir in Serpentinen zur Hütte Plan. Dom na Snježniku, dahinter mittels leichter Kletterei auf den Gipfel des **Snježnik** (1506 m, 1:15 Std.).

Ab der Hütte folgen wir den Stufen zu einem Wegweiser mit verschiedenen Pfeilen; einer weist uns nach **»Guslica«** Richtung Norden und damit zu einem schönen Latschen- und Wiesenrücken. Der Wiesenpfad führt in angenehmem Gefälle bergab. Bei einer Gabelung weiter geradeaus und wieder dem Scheitel folgend bergan. Hinter einem größeren Hang führt der hier kaum ausgeprägte Weg auf der anderen Seite zu einer kleinen Einsattelung. Hier wenden wir uns nach halblinks. Wir kommen wieder in den Waldbereich, der den Rücken am höchsten Punkt mit windgeformten Bu-

Dichter Nebel am Gipfel des Snježnik

chen begleitet. Hinter dem Wald wandern wir an einer kleinen Doline vorbei. Vor dem nächsten Aufschwung befindet sich eine Stange mit einem Stein, der die verblichene Aufschrift **»Platak«** (2 Std.) trägt. Zuerst halblinks über einen zugewachsen Wiesenpfad (mit Stangen markiert), bis wir im Wald auf eine wahre Flut von Markierungen treffen. Noch einmal halblinks und auf einen zuerst undeutlichen Pfad, später auf einem flacheren und deutlicheren Weg bergab bis zu einem Fahrweg. Es geht nach rechts und gleich wieder links in einen alten Karrenweg (leicht bergan und wenig Markierungen). Hinter einem kleinen Sattel wird der Weg dann steiniger. Einem breiten Fahrweg folgen wir nach links und kurz bergauf, dann bergab. Dieser endet bei der Schleife eines Forstweges, den wir halblinks bergab wandern. An einem Holzplatz gehen wir geradeaus, wenden uns auf der Straße nach links und erreichen bald den Ausgangspunkt (2:45 Std.).

8 Auf den Wiesengipfel Vela Pliš

Leichte Kammwanderung mit Blick auf die Kvarner Bucht: Abzweigung Platak – Vela Pliš – Abzweigung Platak

 leicht

 7 km

 3 Std.

 ↑ 450 m ↓ 450 m

 ja

Tourencharakter: Angenehme Wanderung auf gutem Fußweg. Der Gipfelanstieg erfolgt in weglosem, aber einfachem Gelände. Auf der zweiten Hälfte der Wanderung wenig Schatten, dafür aber oft angenehmer Wind.
Beste Jahreszeit: Ende April bis Ende Oktober.
Ausgangs-/Endpunkt: Abzweigung »Platak« an der Straße nach Delnice.
Wanderkarte: Keine.
Markierung: Rot/weiß.

Verkehrsanbindung: Nur mit Pkw. Von Rijeka auf der Autobahn Richtung Zagreb, Abfahrt Cavle – Autodrom. Kurz parallel zur Autobahn und dann nach links; Schild »Platak«. Nach ca. 6 km Abzweigung scharf links »Platak«. Hier parken.
Einkehr: Unterwegs keine.
Unterkunft: Berghütte Sušak auf dem Plateau Platak (8 km).
Tourist-Info: Keine.

An der Südseite des waldreichen **Risnjak-Nationalparks** liegen einige Wiesengipfel, die zur Einstimmung traumhafte Aussicht auf die Adria bieten. Die Besteigung des Vela Pliš ist eine relativ kurze Wanderung, die den Vorteil hat, dass man sie aufgrund ihrer nördlichen Lage noch am Nachmittag des Anreisetags in Angriff nehmen kann.

Der Wegverlauf

Frühlingsbeginn im Risnjak-Nationalpark

Kurz nach der Abzweigung von der Hauptstraße Richtung Delnice zur Berghütte Platak sieht man am rechten Straßenrand ein Schild » Vela Pliš, 2 Std.«. Wir folgen dem sehr gut markierten Weg durch einen schattenspendenden Haselnusswald bergauf

und kommen an zugewachsenen Treppen vorbei, die wir links liegen lassen. Der Wald wird lichter und der Weg breiter und macht ein paar Kehren. In angenehmer Steigung geht es weiter bergan. Bald treten wir aus dem Wald hinaus, und es öffnen sich erste schöne Blicke auf die Kvarner Bucht. Vor sich sieht man schon den kahlen Gipfel des **Vela Pliš** in der Ferne liegen.

Der Weg macht eine weite Schleife, kommt an einem großen Betonfundament vorbei. Dahinter führt er ein kurzes Stück

Tipp
Verbinden Sie die Wanderung mit Tour 7 und übernachten Sie in der nur 8 Kilometer entfernten Berghütte Sušak (Reiseinformationen: Unterkunft: Platak).

wieder in ein lichtes Wäldchen hinein. Im darauf folgenden hochstämmigen Buchenwald wird der Weg breiter und verlangt etwas Aufmerksamkeit: Dort, wo unser bisheriger Weg hinter einem ganz kleinen Buckel eine Wiese quert, verlassen wir diesen. Auf der rechten Seite liegt inmitten des Wiesenhanges ein großer Stein, auf dem mit roten Buchstaben »**Vela Pliš**« geschrieben steht. Wir folgen diesem Wegweiser nach rechts. Der Weg wird zum steilen Wiesenpfad. Die Markierung ist aber weiterhin sehr gut. Kurze Zeit später erreichen wir einen Wiesenrücken (1:15 Std.) und wenden uns bergwärts nach links. Im nun weglosen Gelände folgen wir dem Rücken, auf welchem wunderschöne, vom Wind geformte Buchen wachsen, stetig bergan. Die Markierungen führen uns bald in flacheres Gelände und zuletzt zu dem großen Steinmann am Gipfel (1:45 Std.). Etwas unterhalb davon ist auf einer Stange ein Metallkästchen befestigt, in dem sich sogar ein Gipfelbuch befindet.

Von hier hat man eine unübertreffliche Aussicht auf die Insel Krk und die lange Küste von Istrien mit dem hoch über dem Meer aufragenden Gipfel des Vojak. Bei guter Sicht sind im Südosten zudem der mächtige Felsriegel des Velebit-Gebirges und in der Adria die Inseln Cres und Lošinj zu erkennen. Im Norden breiten sich die endlosen Buchenwälder des Risnjak-Nationalparks vor uns aus, aus denen nur die Felsgipfel der vorhergehenden bzw. nächsten Wanderung herausragen. Wir kehren auf demselben Weg zum Ausgangspunkt zurück (3 Std.).

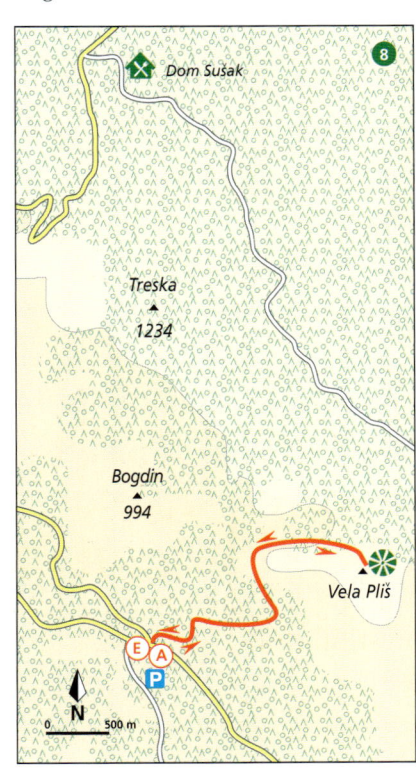

9 Im Risnjak-Nationalpark

Auf den höchsten Berg des Nationalparks: Eingang Nationalpark – Risnjak – Medvjeda vrata – Eingang Nationalpark

 **mittel**

 **20 km**

 **5½ Std.**

 ↑ 700 m ↓ 700 m

Tourencharakter: Lange Wanderung auf guten Waldwegen. Der steilere Gipfelanstieg wird mit einer Aussicht auf Alpen und Adria belohnt.
Beste Jahreszeit: Anfang Mai bis Ende Oktober.
Ausgangs-/Endpunkt: Eingang der Nationalparkverwaltung.
Wanderkarte: Nacionalni Park Risnjak, 1:23 000, J.U.N.P. Risnjak, Bijela Vodica 48, Crni Lug.
Markierung: Rot/weiß.
Verkehrsanbindung: Von Rijeka wie bei Wanderung 1 und weiter Richtung

Delnice. Am Pass G. Jelenje geradeaus nach Crni Lug. Hier links abbiegen zum Nationalpark (beschildert). Crni Lug ist montags bis freitags mit dem Bus aus Delnice zu erreichen.
Einkehr: Restaurant der Nationalparkverwaltung (ganzjährig geöffnet) und Berghütte unterhalb des Gipfels (in der Hochsaison bewirtschaftet).
Unterkunft: Nationalparkverwaltung (5 Zimmer mit 20 Betten) und Pensionen in Crni Lug.
Tourist-Info: Keine.

Der **Risnjak-Nationalpark** ist ein waldreiches Mittelgebirge in dem u.a. Auerhähne, Gämsen, Wildschweine, Braunbären und sogar noch Wildkatzen heimisch sind. Diese Rundwanderung ist dank des Waldes auch im Hochsommer zu empfehlen; nur der Gipfelanstieg ist ohne Schatten.

Der Wegverlauf

Hinter dem Nationalparkhaus folgen wir dem Schild »**Horvatova staza**«. Der Fußweg stößt auf einen breiten Forstweg, wir wenden uns nach rechts. (Entlang dieses Weges sind die Bäume in grüner Schrift mit »N.P. Risnjak« gekennzeichnet. Das ist aber keine Wegmarkierung, sondern stellt nur die Grenze des Parks

9

Vom Großen Risnjak aus kann man sogar die Alpen sehen!

dar.) An einer Gabelung halten wir uns halblinks und folgen dem größeren Weg (Markierung ab jetzt rot/weiß). In angenehmer Steigung geht es in schönem Bergmischwald bergan. Wo wir auf einen breiteren Fahrweg treffen, folgen wir dem Schild »Planin. dom Risnjak 2 h« in einen Fußweg nach rechts. Es geht an Felsen vorbei, der Weg wird zum Pfad und steigt in immer der gleichen Richtung leicht an. Nach einem Buchen-, dann Tannenwald wird er wieder etwas flacher. Die Abzweigung nach »Smrekovac« ignorieren wir und gehen weiter der Nase nach (knapp 2 Std.).

Wir wandern an beeindruckenden Felsen und Dolinen vorbei, bis wir schließlich zu einem Forstweg kommen, wo ein Schild »Risnjak« uns weiter geradeaus führt. Wir kommen der Felsregion näher und queren an den Kalksteinen entlang. Nach einer Kurve schimmert der Gipfel schon durch das Blätterdach. Hinter einem kleinen Talboden leitet uns der Anstieg in Serpentinen aus dem Wald hinaus und in einer Querung zur Berghütte **Schlosserov dom**. Hier weist das Schild »Risnjak 15 min« nach rechts. Durch die Latschenzone führt der Weg, einen Felsaufschwung rechts umgehend, zu einer Rinne. Durch diese geht es gerade hinauf und zuletzt ebenfalls gerade über einen Felsrücken zum Gipfel des **Risnjak** (3 Std., 1528 m). Hier breitet sich ein gewaltiges Panorama aus, das von den Julischen und Karnischen Alpen über den Učka (höchster Berg Istriens) und die Insel Krk bis zum Velebit-Gebirge reicht.

9

Wir steigen wieder zur Hütte ab und folgen an der Westseite des Risnjak dem Schild »Medvjeda vrata«. Zunächst geht es bergab, dann bergauf in Richtung eines Rückens. Dahinter wird der Weg breiter und führt bergab. Wir erreichen den Pass **Medvjeda vrata** und werden mit einem schönen Meeresblick belohnt. Ein Wegweiser »**Uprava N.P. Risnjak** 2 h« weist uns nach links. Nachdem wir weiter angenehm flach bergab gewandert sind, wenden wir uns beim nächsten Wegweiser »**Uprava N.P. Risnjak**« nach rechts. Der Weg folgt einem zwischen zwei Dolinen verlaufenden Rücken, dahinter steigt er kurz an, um am Rand einer tiefen Doline wieder bergab zu führen. Der Weg wird breiter und

Blick auf Berghütte und Kvarner Bucht

9

stößt schließlich auf einen noch breiteren Forstweg. Diesen überqueren wir geradeaus (Schild »Crni lug«; 4:30 Std.). Nachdem wir eine Rechtsabzweigung ignorieren, wird der Weg steiler und verengt sich zum Pfad. Im Talboden wieder breiter, gelangen wir auf eine Teerstraße, auf der wir uns nach rechts wenden und immer geradeaus weiterwandern. Zum Schluss mündet der Weg hinter einer Schranke geradeaus in einen Fußweg und dieser bringt uns zum Ausgangspunkt zurück (5:30 Std.).

10 Zur Teufelsklamm Vražji prolaz

Durch schönen Bergmischwald und beeindruckende Klamm: Skrad –
Zeleni Vir – Vražji prolaz – Skrad

 leicht

 8 km

2¼ Std.

↑ 380 m
↓ 380 m

 ja

Tourencharakter: Der Abstieg in die Schlucht erfolgt auf guten Wegen. Nur in der Klamm fehlt auf einem kurzen Stück das Geländer. Hier sollte man Kinder an die Hand nehmen.
Beste Jahreszeit: Mitte April bis Ende Oktober.
Ausgangs-/Endpunkt: Hauptstraße von Skrad.
Wanderkarte: Keine.
Markierung: Rot/weiß.

Verkehrsanbindung: Skrad liegt direkt an der Hauptstraße Nr. 3 Rijeka – Karlovac und wird auch von öffentlichen Bussen bedient.
Einkehr: Gasthof Zeleni Vir auf der Hälfte der Wanderung (geöffnet an Wochenenden und in der Hauptsaison).
Unterkunft: Hotel Zeleni Vir in Skrad.
Tourist-Info: Delnice (15 km westlich von Skrad).

Der am Rand eines tiefen Canyons gelegene Ort Skrad bietet eine Rundwanderung an, die man sich abwechslungsreicher kaum vorstellen kann. Beim Abstieg zur Teufelsklamm kommt man an einem tosenden Wasserfall vorbei, danach kann man noch einen Abstecher zur Höhle Muzejahizica unternehmen.

Der Wegverlauf

An der Hauptstraße von **Skrad** (700 m) steht links hinter einer Kurve (von Delnice kommend) eine große Tafel, die in Wort und Bild auf **Vražji prolaz** und **Zeleni Vir** aufmerksam macht. Wir folgen dieser nach links, um bei einem kleineren Schild »Zeleni Vir« die gepflasterte Straße nach rechts zu verlassen. Ein kleiner

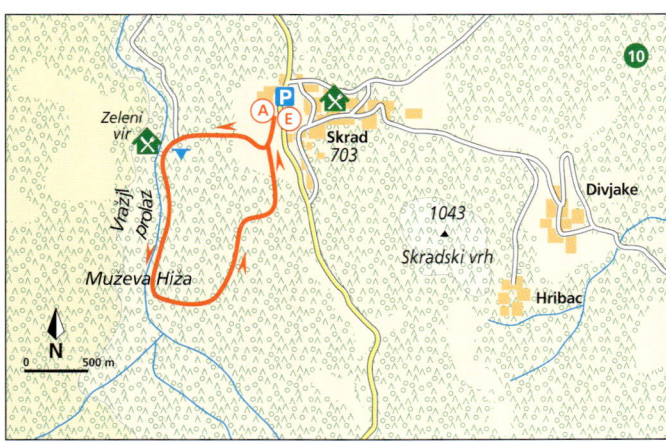

10

Weg führt hinunter zu den Gleisen, die wir überqueren und ein kurzes Stück nach links verfolgen. Ein weiteres Schild »Zeleni Vir« weist nach rechts hinab in den Wald.

Nachdem man einen kleinen Seitenbach überquert hat, führen Holzstufen bergab. Der Weg teilt sich, wir wenden uns scharf nach rechts und folgen schmalen Serpentinen (Drahtseile), die bald darauf wieder zu dem breiteren Weg führen. Auf dem späteren Fußweg sollte man, dem Hinweisschild »Vodopad« folgend, den kurzen Abstecher zu einem beeindruckenden Wasserfall in Kauf nehmen. In der Grotte daneben wird das Wasser zur Stromerzeugung aufgestaut. Wieder an besagtes Schild zurückgekehrt, folgt man einfach dem breiten Weg, der zu einer kleinen Staumauer führt, wo es nach links über Stufen hinabgeht. Nach einer Brücke erreichen wir den Gasthof **Zeleni Vir** (320 m, 1 Std.).

Hinter der Wirtschaft durch ein Holztor mit der Aufschrift »Vražji prolaz«, dann zuerst rechts, dann links des Baches bergan. Die Felswände werden zunehmend höher, das Tal zu einem richtigen Canyon. Im wildesten Abschnitt der **Klamm** führen Holzstufen einer gewagten Treppenkonstruktion direkt zwischen den Felswänden und über dem sprudelnden Wasser empor. Wegen einer provisorischen Planke über fehlende Stufen sollte man Kinder hier an die Hand nehmen. Dahinter weitet sich die Klamm wieder, und hinter einem Unterstand führen Stufen bergan. Ein Schild **»Muzejahizica«** führt zur gleichnamigen Höhle (Abstecher). Wir wenden uns nach rechts Richtung **Skrad,** um zunächst steiler, dann nach dem Schild »Skrad 1 h« wieder flacher durch den schönen Mischwald bergan zu wandern. Hinter einem Picknickplatz queren wir eine Forststraße, stoßen dann auf einen tief eingefurchten Forstweg, dem wir nach rechts folgen. Dieser führt wieder zu einer Forststraße, auf der wir kurz links, dann gleich wieder rechts weg bis zu einem kleineren Weg weitergehen. Auf einem Fahrweg halten wir uns bei der nächsten Gabelung halblinks. Auf dieser Forststraße zunächst über die Bahngleise und dann diese entlang zum Ausgangspunkt zurück (2:15 Std.).

Viele Brücken ermöglichen den Weg durch die Teufelsklamm.

11

Zu Ruinen westlich von Beli

Einsame Rundtour an der Nordspitze der Insel Cres: Beli – Stepiči – Niska – Jama Campari – Beli

leicht

11 km

3 Std.

↑ 300 m
↓ 300 m

ja

Tourencharakter: Abwechslungsreiche Waldwanderung auf guten Wegen. Durchwegs gut markiert. Dank des Waldes und der geringen Anstiege auch im Sommer zu empfehlen.
Beste Jahreszeit: Anfang April bis Ende Oktober.
Ausgangs-/Endpunkt: Beli.
Wanderkarte: Keine.

Markierung: Rot/weiß bzw. blau/weiß.
Verkehrsanbindung: Von Cres auf der Straße Nr. 100 bis zur Abzweigung »Beli« und weiter auf schmalem Sträßchen bis vor den Ort.
Einkehr: Beli.
Unterkunft: Campingplatz unterhalb von Beli.
Tourist-Info: Keine.

Auch wenn das Nordende von Cres im Vergleich zur Inselmitte in einem Dornröschenschlaf liegt, besuchen einige Ausflügler das traumhaft gelegene Beli und sein bekanntes Eko Centar. Die gut markierten Rundwanderwege mit Steinskulpturen werden völlig zu Unrecht vernachlässigt.

Der Wegverlauf

Man parkt vor dem Ortseingang und folgt der Straße in den Ort bis zur Wirtschaft Bife Beli. Hier rechts. An einer Hausmauer befindet sich ein Übersichtsplan der markierten Wanderungen. Nach einem Steintor und einer uralten Steinbrücke steht schon die erste Skulptur. Dahinter führt ein alter Karrenweg wieder bergauf. Bei einer großen Stele (längliche Steinskulptur) überqueren wir die Teerstraße; der Weg verläuft hier steiler und schmaler bergan. An einer

Blick auf Beli Steinmauer geht es links ein wenig bergab, um dann wieder rechts

hinaufzuführen. Der Weg wird zum Pfad und kreuzt eine Art Hohlweg, dem wir bergan folgen, an einer Wiese vorbei, durch ein Gatter bis zu den Ruinen des alten Bergdorfes **Stepiči**. Ein Gemäuer lassen wir rechts liegen und überqueren die anschließende Wiese (50 Min.). An ihrem Ende stößt man auf einen Fahrweg, dem man ein langes Stück nach rechts folgt. (Kurze Zeit später weist eine Skulptur auf den Abstecher zur nahen Kapelle Sv. Ivan hin.) Bald sehen wir links eine gelbe Markierung (45-minütige Variante zu einem Aussichtspunkt).

11

Wir kommen erst an Weiden vorbei, dann wird der Wald dichter. An einer Weggabelung folgen wir links der blauen Markierung Richtung **Niska**. Über einen Hohlweg kommen wir aus dem Wald heraus, betreten eine Weide und dann wieder den Wald. Kurz danach passieren wir die Gemäuer des Dorfes **Niska**. Dahinter geht es rechts auf einem alten Karrenweg leicht bergab. Wir kreuzen den Fahrweg und folgen dem Wegweiser Richtung **Petricevi** (1:50 Std.). Ein kurzes Stück fallen blaue und rote Markierungen zusammen, wir halten uns aber bald bei einer Gabelung links an die roten Punkte zur **Jama Campari**. An der Höhle vorbei, dahinter etwas steiler bergab. Bei der sich anschließenden Lichtung kommt schon die nächste Skulptur. Hier nicht rechts, sondern geradeaus an ihr vorbei. Eine Steinmauer entlang wandernd, kommen wir wieder in den Wald. Wir treffen auf einen grün markierten Weg und folgen diesem nach rechts. Der Weg wird breiter und flacher. Zwischen alten Terrassenfeldern geht es weiter talwärts, bis wir auf die Schleife eines breiteren Weges

stoßen, dem wir halblinks bergab folgen. Beim ersten Haus stoßen wir auf die Kehre einer Teerstraße, die wir überqueren. (Hier ist ein letzter Abstecher möglich: Man wendet sich nach rechts und zunächst leicht bergan, dann wieder hinunter in ein Bachbett, wo sich alte Regenwasserzisternen befinden.) Kurze Zeit später erreichen wir das **Eko Centar** von **Beli**, wo man eine Menge über das Leben der Gänsegeier in Erfahrung bringen kann (2:50 Std.). Dahinter verlässt man die Straße noch einmal nach links, wandert entlang schöner Steinhäuser und trifft auf einen Querweg mit Blick auf die Kvarner Bucht. Hier geht's nach rechts zur Hauptstraße, von wo aus es nur mehr ein Katzensprung zur Wirtschaft ist (3 Std.).

12 Auf den höchsten Berg von Mali Lošinj

Abwechslungsreiche Bergtour mit Traumblicken auf die Adria: Nerezine – Sv. Nicola – Vrh Televrin – Osor

 mittel

 13 km

 3¾ Std.

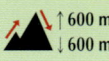 ↑ 600 m ↓ 600 m

Tourencharakter: Der An- und der Abstieg erfolgt auf zumeist guten Fußwegen. Dabei wandert man immer wieder durch lichte Wälder, die angenehmen Schatten spenden.
Beste Jahreszeit: Anfang April bis Ende Juni und Anfang September bis Anfang November.
Ausgangspunkt: Nerezine.
Endpunkt: Osor.
Wanderkarte: Turističko Prometna Karta Otoka »Mali Lošinj«,

Hrsg.: Fremdenverkehrsamt Mali Lošinj.
Markierung: Rot/weiß.
Verkehrsanbindung: Von Cres auf der Hauptstraße nach Osor und weiter nach Nerezine. Hier befindet sich links unterhalb der Hauptstraße (noch vor der Fußgängerzone) ein größerer Parkplatz. Auch mit öffentlichem Bus Cres – Lošinj.
Einkehr: Nerezine bzw. Osor.
Unterkunft: Nerezine bzw. Osor.
Tourist-Info: Keine.

Die sonderbare Form der Insel Mali Lošinj – sozusagen zwei große Halbinseln, die durch einen schmalen, langen Rücken verbunden sind – wird durch die knapp 600 Höhenmeter, die der Osoršćica-Gebirgszug im Norden erreicht, zusätzlich unterstrichen. Über diesen verläuft eine Wanderung mit toller Aussicht auf die umliegende Inselwelt.

Der Wegverlauf

Vom Parkplatz gehen wir hinauf zur Hauptstraße und folgen dieser nach links. Nach einem Kapellchen sehen wir auf der anderen Straßenseite auch schon den Wegweiser »**Televrina, Sv. Nicola**«. An den nächsten beiden Weggabelungen folgen wir jeweils halbrechts den rotweißen Markierungen. Bei einem Laternenmast gehen wir links, wieder in Richtung »Televrina, Sv. Nicola«. Der Teerweg wird zum Schotterweg, den wir bei einem großen Schild links zugunsten eines Fußweges verlassen. Nun entlang einer Steinmauer bergan und bei einer Gabelung links. Das Gelände wird lichter, man hält sich halbrechts an einen Steinmann; dann quert der Weg sanft nach Süden und gibt schöne Blicke auf **Nerezine** frei. In einem Wäldchen wandert man mit Tendenz nach links und bald in einen lichten Pinienwald hinein. Hier wird der Weg erst flacher,

Am Gipfelkamm des Televrin

dann kurz steiler und führt schließlich wieder in angenehmer Neigung zum Scheitel des Gebirgskammes. Dort steht ein rotes Schild, dem wir nach links zur unweit gelegenen **Kapelle Sveti Nicola** (bzw. Sv. Mikula) folgen (1:20 Std.). Von hier hat man eine viel schönere Aussicht als vom **Televrin** aus.

Wir gehen wieder zum roten Schild zurück und steigen geradeaus nach Nordwesten zu einem breiten Sattel hinunter und auf der anderen Seite wieder empor. Bald wird der Weg flacher (die Abzweigung

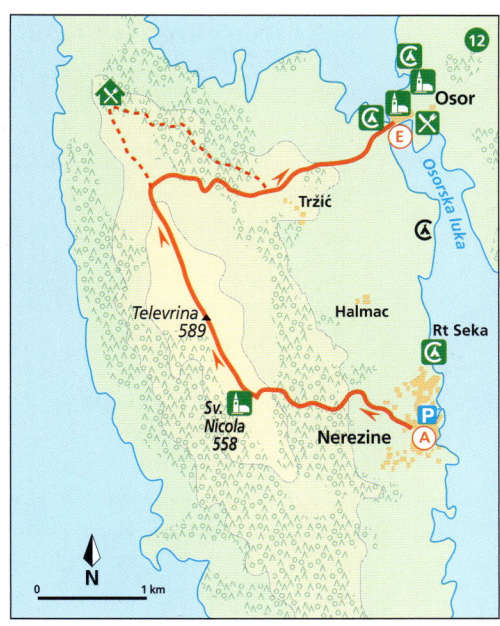

»Spilja« ignorieren wir) und führt an Sendemasten vorbei. Immer geradeaus wandernd erreichen wir waldiges Gelände und halten uns dort eher links. Dann wird der Rücken wieder freier, und kurze Zeit später stehen wir am höchsten Punkt der Insel (1:50 Std., 589 m). Es geht weiter geradeaus; dort, wo das Gelände frei wird, steigt man in einem kleinen Linksbogen ein Stück bergab. Hier sieht man zum ersten Mal die **Berghütte** am Nordende des Gebirgszuges. Nach einem kurzen steilen Stück quert der Weg wieder flach auf den breiten Rücken. Ein wenig steiler steigen wir zu einer Weggabelung ab. (Geradeaus geht es zur Berghütte, die an Wochenenden vom 1.6. bis 1.10. geöffnet ist. Infos unter: 089/71 55 74). Wir folgen rechts dem Wegweiser »Osor«. Der Abstieg erfolgt auf einem zunächst schmalen Weg und ist angenehm flach. Im höheren Wald wird der Weg breiter, bald durchwandern wir auch freieres Gelände. Bei einem Steinmann halten wir uns rechts, Richtung **Osor**. Von nun an gehen wir immer geradeaus (zumeist einer Steinmauer folgend) und ignorieren alle abzweigenden Wege. Schlußendlich stoßen wir auf einen Fahrweg (3:40 Std.), dem wir nach rechts bis nach **Osor** hinunter folgen (3:50 Std.).

13 Zu idyllischen Buchten und Konobas

Angenehme Rundtour im Süden Mali Lošinjs: Veli Lošinj – Uvala Balvanida – Uvala Krivica – Veli Lošinj

leicht

 11 km

2¾ Std.

↑ 370 m
↓ 370 m

ja

Tourencharakter: Wenig anstrengende Rundwanderung auf guten Wegen. Aufgrund der geringen Anstiege und des zum Teil schattigen Geländes auch im Sommer möglich.
Beste Jahreszeit: Anfang April bis Ende Oktober.
Ausgangs-/Endpunkt: Veli Lošinj.
Wanderkarte: Turističko Prometna Karta Otoka »Mali Lošinj«,

Hrsg.: Fremdenverkehrsamt Mali Lošinj.
Markierung: z.T. rot/weiß.
Verkehrsanbindung: Von Cres über Mali Lošinj nach Veli Lošinj (auch mit öffentlichem Bus).
Einkehr: Konoba Balvanida. Geöffnet von April bis September, kein Ruhetag.
Unterkunft: Veli Lošinj.
Tourist-Info: Veli Lošinj.

Für Wanderer ist es ein großer Vorteil, dass sich der Tourismus auf den kroatischen Inseln auf einer sehr konzentrierten Fläche abspielt. Lošinj kann hierfür als Paradebeispiel angeführt werden: Während die Gegend zwischen Mali und Veli Lošinj mit touristischer Infrastruktur übersät ist, ist der ganze Südteil der Insel vollkommen unbebaut und somit eine große Spielwiese für Naturfreunde.

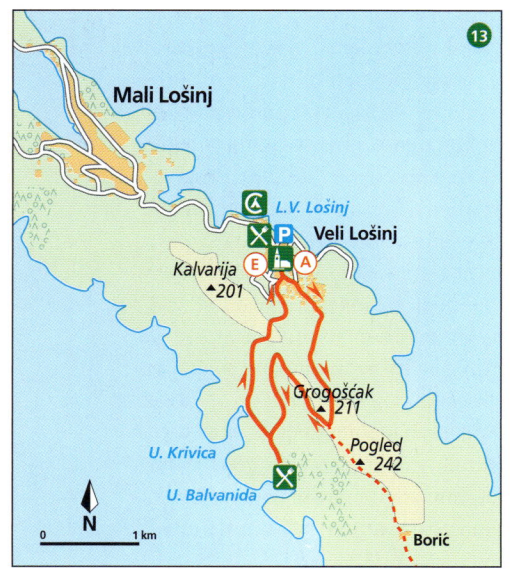

Der Wegverlauf

Am Ende des großen Parkplatzes in **Veli Lošinj** befindet sich eine Treppe mit dem Schild »Sv. Ana«, dem wir zur kleinen Kapelle folgen und weiter dem Hauptweg zwischen Steinmauern. (Nicht nach rechts der Markierung folgen!) An einer Gabelung mit einem Halteverbotsschild wenden wir uns halblinks und nach einem Feld folgen wir einem weiteren »Sv. Ana«-Schild rechts hinauf zum Vorplatz der gleichnamigen Kirche. Hier steht ein alter

13

Baum mit einigen Wegweisern. Wir folgen der Aufschrift **»Pog-led«** nach links, dann gleich wieder rechts und wandern über ein altes Viadukt, das uns durch viele Stufen an Höhe gewinnen lässt. In einem Pinienwald ebnet sich der Weg.

Aus dem Wald heraus, wandern wir eine Steinmauer entlang, kommen durch ein Viehgatter und stoßen auf einen breiten Fahr-weg. (**Variante:** Von hier aus kann man, indem man dem Fahrweg nach links folgt, über den Aussichtspunkt **Pogled** – etwas links vom Weg, aber markiert – bis zu einer Bucht am Südende der Insel wandern.) Wir gehen nach rechts und folgen dem Fahrweg nach Norden. Nach einiger Zeit macht links ein Schild auf die **Konoba Balva-nida** aufmerksam (1 Std.). Wir biegen also links ab und folgen einem schönen Fußweg entlang Steinmauern bergab. Der hier nicht markierte Weg quert den Hang in sanftem Gefälle nach Süden. Wir durchwandern zwei weitere Gatter und gehen dahinter auf einem Pfad über eine Weidefläche. An deren Ende befindet sich ein weiteres Gatter sowie der Wegweiser **»Balva-nida«**, der einen nach links zur nahe gelegenen Wirtschaft führt (1:30 Std.). (Keine 300 Meter weiter befindet sich übrigens die gleichnamige Bucht.) Zurück zum letzten Gatter folgt man

Vorbildlicher Wegweiser

dem Wegweiser **»Krivica«** nach links. Über einen wunderschönen Waldweg erreicht man bald darauf diese ebenso schöne Bucht (1:40 Std.) Wir gehen ein Stück am Ufer entlang bis zum Wegwei-ser **»Veli Lošinj, 60 min«.** Hier wenden wir uns nach rechts und folgen dem wieder gut markierten Weg. In angenehmer Steigung geht es entlang von Steinmäuerchen bergan. Nach dem Wald ge-nießen wir eine wunderbare Aussicht auf die beiden Buchten.

Oben angekommen, kreuzen wir den Fahrweg (2:10 Std.) und folgen dem Wegweiser **»Veli Lošinj, 30 min«** geradeaus. Auf ei-nem sehr schönen Fußweg geht es durch lichten Wald wieder angenehm bergab. Der Weg wird schließlich breiter und kurze Zeit später zu einem Betonweg. Bei den ersten Häusern folgen wir dem nun gepflasterten Weg und halten uns bei einer Gabe-lung halblinks. Kurz darauf stoßen wir auf die Hauptstraße, der wir nach rechts zurück zum Parkplatz folgen (2:40 Std.).

14 An der Ostküste der Insel Krk

Rundwanderung, die Orientierungssinn erfordert: Vrbnik – Uvala Sv. Juraj – Hochfläche – Uvala Sv. Juraj – Vrbnik

 anspr.

 11 km

3¾ Std.

↑ 300 m
↓ 300 m

Tourencharakter: Da sich der Weg im Mittelteil dieser Wanderung vollkommen auflöst, sollte man für diese Rundtour sehr gutes Orientierungsvermögen und lange Hosen (für den zugewachsenen Teil) mitbringen.
Beste Jahreszeit: Anfang April bis Ende Juni und Anfang September bis Ende Oktober.
Ausgangs-/Endpunkt: Vrbnik.

Wanderkarte: Izletnička Karta »Krk«, Hrsg.: RIMA d.o.o. Rijeka.
Markierung: Keine.
Verkehrsanbindung: Von Krk Richtung Baška und nach Sv. Dunat links nach Vrbnik abbiegen. Hierher auch mit öffentlichem Bus.
Einkehr: Vrbnik.
Unterkunft: Vrbnik.
Tourist-Info: Keine.

Im Gegensatz zu den perfekt markierten Wegen rund um Baška (→ **Wanderung 15**) werden die Wanderwege bei Vrbnik sträflich vernachlässigt. Sie sind daher nur geübten Wanderern mit Orientierungsvermögen zu empfehlen. Wer sich die Tour nicht zutraut, dem sei diese Wanderung zumindest als Strandtipp empfohlen: Denn bis zu den traumhaft gelegenen Buchten führt ein breiter Fahrweg.

Traumhafte Buchten zum Baden

Der Wegverlauf

Am Parkplatz von **Vrbnik** folgen wir der rechts vom »Minimarket« gelegenen Ulica Grohot nach Süden. Es geht gerade auf eine Kuppe hinauf und an der Gabelung leicht links. Das Gelände wird flacher, die Straße zum breiten Fahrweg. Wir kommen auf eine große Wegkreuzung und gehen links in Richtung Meer. Hier sehen wir schon die Bucht **Uvala Sv. Juraj** vor uns. Immer dem Fahrweg bergab folgend, stehen wir bald darauf an dem idyllischen Kiesstrand (40 min.; bis hierher auch mit dem Auto möglich).

Gegenüber der Bucht beginnt unser Fußweg. Er führt etwas oberhalb des Ufers weiter nach Süden mit schöner Aussicht aufs Festland. Es geht kurz bergan, an einer Steinmauer entlang und an der nächsten Bucht vorbei. Der Weg führt nun vom Meer weg und wird steiler. Nach links zweigen kleine Pfade ab, die zu noch einsameren kleinen Buchten führen. Wir erreichen eine kleine Hochfläche, ignorieren einen rechts abzweigenden Weg und gehen immer geradeaus, leicht bergab. Vor uns befindet sich nun der Berg, den wir umrunden möchten. Man steigt in ein trockenes Bachbett ab und darf den Steinmann nicht

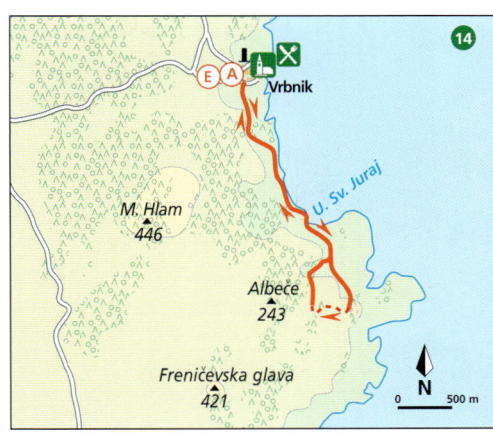

übersehen, bei dem man nach rechts abbiegen muss. Auf der anderen Seite des Bachbettes geht es wieder nach oben, an einem alten, gemauerten Stall vorbei. Zuerst ist der Weg noch klar zu erkennen, wird dann aber undeutlicher. Man folgt der ausgeprägtesten Spur und steigt parallel zu einer Steinmauer in etwa derselben Richtung bergan. Nach einer Freifläche mit einem verfallenen Gemäuer folgen wir den Wegspuren bergan. Am höchsten Punkt versperren zwei querstehende Mauern den Weiterweg (1:40 Std.). Nun beginnt der völlig weglose Mittelteil: Wir peilen einen im Westen aufragenden runden Berg mit einem riesigen Schild an. Wichtig dabei ist es, stets oberhalb eines rechts liegenden Wäldchens und Talkessels auf den vor uns liegenden breiten Rücken zuzuwandern. Auf dem Rücken, der fast einer Hochfläche gleicht, geht es zweimal rechts an von Steinmauern umrahmten Wäldchen vorbei. Danach parallel zu einer Steinmauer ins nächste kleine Tal hinunter; das Gelände ist zum Teil etwas zugewachsen. Zum Schluss erreicht man steil über ein paar Felsen den Talboden. Dort wechselt man auf die andere Seite und folgt einer Pfadspur (parallel zur Steinmauer) talabwärts, die breiter wird und einmal die Seite wechselt. Der Weg wird besser, führt in freies Gelände und hinunter in ein von links dazustoßendes Tälchen. Weiter geradeaus und auf der anderen Seite wieder bergan. Kurz nachdem der Weg flacher wird, kommen wir auf den bereits bekannten Weg (2:50 Std.) und folgen diesem nach links zum Ausgangspunkt zurück (3:50 Std.).

15 Über die Hochflächen von Krk

Landschaftlich einmalige Wanderung zu nettem Badestrand: Baška –
Batomalj – Stara Baška – Batomalj – Baška

 mittel

 16 km

5 Std.

↑ 400 m
↓ 400 m

ja

Tourencharakter: Wenig anstrengende Wanderung bis auf den ostseitigen Anstieg zur Hochfläche, der allerdings auf gut angelegten Serpentinen erfolgt. Nur die Sonne muss man auf fast der gesamten Wegstrecke in Kauf nehmen.
Beste Jahreszeit: Anfang April bis Ende Juni und Anfang September bis Ende Oktober.
Ausgangs-/Endpunkt: Baška.

Wanderkarte: »Baška - Turističke Obliježene Staze«, Hrsg.: T.Z.O. Baška (gratis erhältlich).
Markierung: Grün/weiß.
Verkehrsanbindung: Von Rijeka über Krk auf der Hauptstraße (Nr. 29) direkt nach Baška. Mehrmals täglich auch mit öffentlichem Bus.
Einkehr: Stara Baška.
Unterkunft: Baška.
Tourist-Info: Baška.

Während man sich bei der vorangegangenen Wanderung zum Teil durch dichte Mittelmeervegetation schlängeln musste, sind die Hochflächen von Krks Südhälfte so gut wie strauchfrei. Dementsprechend bietet die Wanderung von Baška nach Stara Baška Panoramablicke auf die umliegenden Inseln und das Velebit-Gebirge.

Der Wegverlauf

Am Beginn der Fußgängerzone von **Baška** wenden wir uns nach rechts und folgen der Ulica Geistlicha hinunter zur Strandpromenade. (Hier befindet sich das Fremdenverkehrsbüro, das die kostenlosen Wanderkarten ausgibt.) Auf dieser gehen wir zum gegenüberliegenden Ende, bis sie in eine Asphaltstraße mündet. Vor dem großen Campingplatz biegen wir rechts ab (grüner Pfeil) und folgen der Asphaltstraße entlang des Zaunes ins Landesinnere. In einer Straßenkurve folgen wir einem Fahrweg geradeaus, über eine

15

Brücke und auf der anderen Bachseite weiter landeinwärts. Nach einigen Feldern stoßen wir auf eine Asphaltstraße, die wir nach links zum Dorf **Batomalj** (35 min.) begleiten. (Bis hierher könnte man auch mit dem Auto fahren.) Beim ersten Haus zweigen wir an der Gabelung halbrechts ab und folgen einem Teerweg steiler bergauf. Nach den letzten Häusern schlüpfen wir durch ein Gatter und wandern auf einem steinigen Fahrweg in Schleifen bergan. Nach einem weiteren Tor führt uns der Fußweg in ein Wäldchen. Kurz darauf biegen wir bei einer Gabelung halbrechts ab und folgen dem Wegweiser »Stara Baška« (grüne Markierung) steiler bergan. Beim nun folgenden Aufstieg zur Hochfläche spenden anfangs einige Pinien Schatten, dann aber steigt man schattenlos in vielen gut angelegten Serpentinen bergan. Am Rand der Hochfläche schließlich (1:30 Std., 380 m) verändert sich die Landschaft schlagartig.

Hochfläche des Obzova Gebirges

Angenehm flach findet die Wanderung ihre Fortsetzung; im Süden ist die Insel Rab zu erkennen. Hinter einem weiteren Gatter steigt der Weg noch einmal leicht bergan, um auf der Westseite wieder angenehm abzufallen. Hier öffnet sich die Aussicht zu den beiden Inseln Mali Lošinj und Cres. (Ein Hinweisschild am rechten Wegrand macht auf einen Abstecher zum nahe gelegenen **Veli Hlam**, 482 m, aufmerksam.) Wir laufen an den Rand einer Schlucht (2:10 Std.), die in die Hochfläche von Westen her eindringt. Durch diese führt nun der weiterhin hervorragend angelegte Weg zum Meer hinab. Wir kommen an ein paar Bäumen vorbei, die Schlucht wird breiter. Dann gehen wir noch einmal durch ein Gatter und schon erreichen wir die ersten Häuser. Über einen Teerweg wandern wir hinunter zur Hauptstraße und folgen dieser nach links bis hinunter zur Bucht von **Stara Baška** (2 30 Std.). Dort lädt ein schöner Kiesstrand dazu ein, sich nicht nur die heißgelaufenen Füße im Meer abzukühlen. Wir kehren auf gleichem Weg zum Ausgangspunkt zurück (5 Std.).

Variante: Man kann auch dem Schild »Batomalj« an der Hauptstraße von **Stara Baška** (rot markiert) zurück folgen.

16

Um die Seen im Nationalpark Plitvic

Zu rauschenden Wasserfällen: Nationalpark Eingang 1 – Kozjak-See –
Obere Bootsanlegestelle – Nationalpark Eingang 1

○	leicht
🚶🚶 km	11 km
🕐	4 Std.
⛰	↑ 540 m ↓ 540 m

Tourencharakter: Die Wanderung erfolgt auf angenehm zu gehenden Holzstegen und Uferwegen, zum Teil auch in Schatten spendendem Bergmischwald. Mit Kindern empfiehlt sich die kürzere Variante (→**Tipp**).
Beste Jahreszeit: Das ganze Jahr über möglich. Die Wasserfälle sind im wasserreichen Frühjahr am beeindruckendsten.
Ausgangs-/Endpunkt: Nationalpark Eingang 1.

Wanderkarte: Wanderkarte (keine topografische) am Eingang erhältlich.
Markierung: Diverse (unübersichtlich).
Verkehrsanbindung: Direkt an der Hauptstraße Nr. 1 Zagreb – Zadar gelegen. Wird auch von öffentlichen Bussen bedient.
Einkehr: Imbissbuden am Eingang und am Kozjak-See.
Unterkunft: Hotels und Campingplatz der Nationalparkverwaltung.
Tourist-Info: Nationalparkverwaltung.

Die **Plitvicer Seen** sind zu Recht weit über die Grenzen Kroatiens hinaus berühmt. 90 % der Besucher begnügen sich mit den Wegen der unteren Seen und fahren dann mit dem Boot über den Kozjak-See. Was uns nur recht sein kann – so umrunden wir ihn, *Bootsanle-* *gestelle* entlang eines schönen Uferweges, so gut wie alleine.

16

Versunkene Baumstämme im Kozjak-See

Der Wegverlauf

Vom Parkplatz 1 führt eine Fußgängerbrücke zum Eingang des **Nationalparks Plitvicer Seen**. Wir gehen hinein und bekommen nach wenigen Metern einen schönen Blick auf den großen Wasserfall **Slap Plitvice**. Der mit den unterschiedlichsten Farben und Formen markierte Weg führt rechts in Serpentinen bergab. Im Talboden angekommen, stoßen wir auf den ersten See, den **Kaluderovci Jezero**, und überqueren die Travertinschwelle (**Nationalpark Plitvicer Seen**) an seinem Nordende auf einem schönen Holzsteg. Auf der anderen Seite ist der kurze Abstecher nach rechts zum **Slap Plitvice** unbedingt zu empfehlen.

Zum **Kaluderovci Jezero** zurückgekehrt, folgen wir dem Holzsteg nach Süden, der unterhalb schöner Wasserfälle wieder auf die andere Talseite hinüberführt. An einer Gabelung nehmen wir die

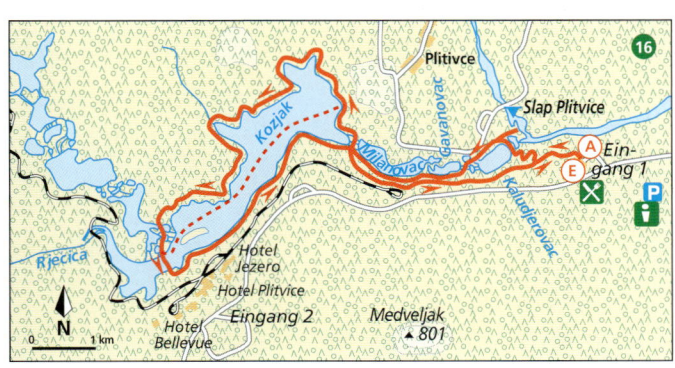

16 Stufen halbrechts hinauf, die nun auf der (im Aufstiegssinne) linken Seite der nächsten zwei Seen (**Gavanovac** und **Milanovac**)
zum großen See **Jezero Kozjak** führen. Hier biegen wir rechts ab,
folgen einer Teerstraße kurz links bergauf und steigen gleich wieder links zu einer großen Wiese ab. Dort befindet sich ein Picknickplatz mit Kiosk und Bootsanlegestelle (1 Std.). Wir gehen
weiter geradeaus über die Wiese, um von nun an dem einsamen
Uferweg auf der Westseite des **Jezero Kozjak** treu zu bleiben.
Immer entlang der traumhaften Seitenarme des Sees führt der
Weg, mal kleine Nebenbäche querend, dann wieder leicht im
Buchenwald an- und absteigend, den größeren Wasserfällen am
Südende des **Kozjak** entgegen. (Im Frühjahr, wenn der Wasserstand hoch ist, können einige Stellen des Uferweges überspült
sein. Dann muss man einfach die Trampelpfade an der Böschung
benutzen.) Direkt vor den Fällen steigt der Pfad in Serpentinen
leicht an, um einen Felsabbruch an dessen rechter Seite zu umgehen. An dieser Stelle lässt sich ein guter Eindruck von der Ge-
steinsstruktur des Travertins gewinnen.

Ausgediente Ruderboote am Jezero Ko-zjak

16

Tipp Mit Kindern bietet es sich an, das Schiff zu benutzen (im Eintrittspreis inbegriffen) und dann nur den östlichen Uferweg zurückzugehen.

Oben wird der Weg flacher und breiter. Über Stufen steigen wir nun nach links zu einem weiteren beeindruckenden Holzsteg ab, der uns an Wasserfällen entlang zu einer Gabelung führt. Hier gehen wir links hinunter zur nahen Bootsanlegestelle (2:30 Std.). Nachdem wir mit dem Fährboot auf die andere Seite gelangt sind (hier bietet sich eine Pause an), gehen wir ein Stück geradeaus und folgen dann Stufen, die zum ostseitigen Uferweg hinabführen. Auch hier können im Frühjahr kurze Stücke leicht überspült sein. Der Weg führt uns wieder nach Norden. An seinem Ende erreichen wir über Stufen eine Teerstraße, die wir sogleich wieder rechts verlassen (Schild mit Zugsymbol). Mit angenehmer Steigung gehen wir den breiten Fußweg zur Haltestelle der Panoramabahn empor. Oben angekommen, geht es immer entlang der Schlucht zurück zum Ausgangspunkt am Eingang 1 (4 Std.). Hier machen herrliche Panoramablicke auf die Seen und Wasserfälle den Abschied nicht gerade leicht.

17 Plitvicer Seen – Obere Seenrunde

Highlights des Plitvicer Nationalparks: Eingang 2 – Galovac Jezero –
Prošćansko Jezero – Gradinsko Jezero – Eingang 2

 leicht

 9 km

 2½ Std.

 ↑ 200 m ↓ 200 m

 ja

Tourencharakter: Holzstege und schön angelegte Uferwege erleichtern auch bei dieser Tour die Wanderung. Der Bergmischwald spendet Schatten.
Beste Jahreszeit: Das ganze Jahr über möglich. Im Frühjahr, nach der Schneeschmelze, sind die Wasserfälle am faszinierendsten.
Ausgangs-/Endpunkt: Eingang 2 des Nationalparks.
Wanderkarte: Wanderkarte (nicht topografisch) am Eingang erhältlich.

Markierung: Diverse (unübersichtlich).
Verkehrsanbindung: Direkt an der Hauptstraße Nr. 1 Zagreb – Zadar gelegen. Wird auch von öffentlichen Bussen bedient. Der Parkplatz 2 befindet sich wenige Kilometer südlich von Parkplatz 1.
Einkehr: Imbissstände am Parkplatz 2.
Unterkunft: Hotels und Campingplatz der Nationalparkverwaltung.
Tourist-Info: Nationalparkverwaltung.

Die oberen Wasserfälle der **Plitvicer Seen** sind noch spektakulärer als die der vorherigen Rundwanderung. Auch hier gilt: Die mitgeführte Wassermenge ist im Frühjahr am größten. In perfekt angelegten Schleifen führen uns die Holzstege direkt an den tosenden Kaskaden und den ruhigen, idyllischen Seen vorbei.

Der Wegverlauf

Am Parkplatz 2 folgt man den Schildern »Jezera/Lakes« bzw. »Schiffsymbol/ Information« zu einer Fußgängerüberführung. Auf der anderen Seite gelangt man über gepflasterte Stufen zu einer

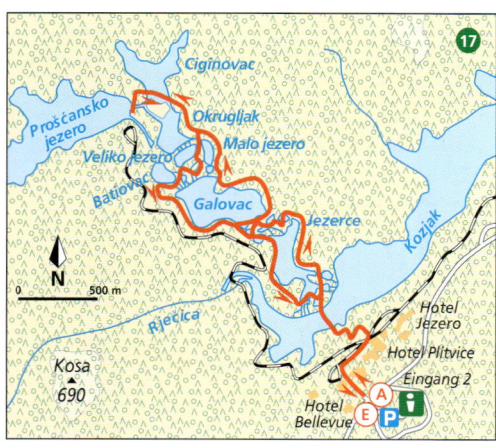

breiten Teerstraße. Hier gehen wir rechts und stehen kurze Zeit später am Eingang 2. Von hier steigen wir wieder auf Natursteinpflaster zur Bootsanlegestelle hinab, wo uns das Fährboot in weniger als 5 Minuten zum gegenüberliegenden Ufer bringt (im Eintrittspreis inbegriffen). Auf der anderen Seite folgen wir dem Holzsteg nach rechts und queren unterhalb sehr schöner Wasserfälle zum

17

Westufer, um dort kurze Zeit später den **Jezerce (Gradinsko) Jezero** (554 m, 10 m tief) zu erreichen. Ein schöner Uferweg führt uns entlang des stillen Gewässers zu einer Weggabelung. Wir bleiben unten am Ufer. (Dem Schild mit den meisten Markierungen folgen!) Der anschließende Holzsteg führt in Schleifen an einem imposanten Wasserfall vorbei zu einer weiteren Gabelung. Hier halten wir uns rechts und erreichen den größeren **Galovac**

Jezero (583 m, 24 m tief). Dem Steg wieder nach rechts folgen, um auf die andere Seite zu gelangen. Hier wenden wir uns nach links und steigen am Westufer leicht bergan, begleitet von schönen Aussichtspunkten auf die nächsten Wasserfälle. Hinter dem **Malo Jezero** (604 m, 9,5 m tief) befindet sich wieder eine Gabelung. Hier gehen wir zunächst

geradeaus (also nicht nach links Richtung **Labudovac**). Hinter dem **Okrugljak Jezero** (614 m, 15 m tief) führt eine kleine Brücke zu einem wunderschönen Rastplatz oberhalb eines rauschenden Wasserfalles. Dahinter wird das Gelände flacher, wir verlassen kurz die sprudelnde Seenlandschaft, um sogleich am größten See, dem **Prošćansko Jezero** (637 m, 37 m tief), zu stehen (1:30 Std.). Wen hier die Kräfte verlassen, der kann mit der unweit gelegenen Panoramabahn zum Eingang 2 zurückfahren.

Unzählige Wasserfälle

Wir gehen aber zunächst auf gleichem Weg zurück zur erwähnten Abzweigung »Labudovac« und folgen hier dem Holzsteg nach rechts. Zwischen den beiden Seen **Malo** und **Veliko Jezero** gelangen wir so auf die gegenüberliegende Talseite. Hier weist uns ein Schild nach links und weiter auf einem schönen Waldweg hinab zum **Galovac Jezero**. An der Verzweigung unterhalb dessen Nordende gehen wir geradeaus und erreichen so den Uferweg auf der Ostseite des **Jezerce Jezero**. Zum Schluss führt ein schöner Waldweg zu den Holzstegen, über die wir wieder die nahe gelegene Bootsanlegestelle erreichen (2:30 Std.).

18 Über den Vučjak

Spannende Wanderung zwischen bizarren Felsen: Oltari – Berghütte – Premužić-Weg – Schutzhütte Rossijevo Sklonište

 mittel

 18 km

 **5½ Std.**

 **↑ 650 m ↓ 150 m**

Tourencharakter: Nachdem man auf guten Waldwegen zum Velebit-Hauptkamm aufgestiegen ist, durchwandert man die schattenlose Felslandschaft der Rožanski Kukovi. Doch auch hier sind der Weg und die Markierungen ausgezeichnet. Wichtig ist es, bei dieser Zweitagesdurchquerung genug Wasser mitzunehmen! (Sie wird mit Wanderung 19 kombiniert.) Für Kinder empfiehlt sich die → Alternative.
Beste Jahreszeit: Anfang Mai bis Mitte Juni und Mitte September bis Ende Oktober.
Ausgangspunkt: Bergdorf Oltari.
Endpunkt: Schutzhütte Rossijevo Sklonište – Selbstversorgerhütte!
Wanderkarte: Planinarska Karta »Sjeveni Velebit«, SMAND Verlag, Vidovec.

Markierung: Rot/weiß.
Verkehrsanbindung: Kurz nach Sveti Juraj (9 km südlich von Senj) biegt man von der Küstenstraße links ins Gebirge ab und erreicht nach 11 km das Bergdorf Oltari. Öffentlich erreichbar Mo–Sa mit der Linie Senj – Sv. Juraj – Oltari – Krasno (Abfahrt ab Senj um 5:00 Uhr!). An Schultagen fährt vormittags noch ein Bus von Sveti Juraj nach Oltari. Wenn man einen der beiden Busse nimmt, bleibt das Auto in Sv. Juraj bzw. Senj stehen. Das erleichtert die Rückkehr von Jablanac (siehe Wanderung 19) ungemein.
Einkehr: Unterwegs keine.
Unterkunft: Schutzhütte Rossijevo Sklonište – Selbstversorgerhütte!
Tourist-Info: Keine.

Der Hauptkamm des Velebit-Gebirges bildet eine scharfe klimatische Grenze. Diese wird in der zweiten Hälfte der Wanderung (dem Premužić-Weg) sehr offensichtlich: Nachdem man auf den nach Osten (also zum Landesinneren) gerichteten Hangflanken dichte Buchenwälder durchwandert hat, gelangt man auf der eher zum Meer hingewandten Seite in eine trockene Felslandschaft. Die bizarren Kalkformationen der Rožanski Kukovi sind einzigartige Karsterscheinungen, die nicht nur das Herz von Geografen höher schlagen lassen. Und bevor man in diese karge Welt eintritt, kann man sogar noch die Blütenpracht eines botanischen Gartens besichtigen!

Der Wegverlauf

Die Wanderung beginnt im kleinen Bergdorf **Oltari**, wo sich übrigens auch ein Haus des kroatischen Bergsteigerverbandes befindet. Man folgt ein kurzes Stück der Durchgangsstraße bergan, um sogleich nach rechts in einen breiten Fahrweg einzubiegen (Wegweiser »**Zavižan**«). Auf diesem geht man nun immer in

18

flachem Gelände geradeaus, bis nach einem guten Kilometer ein weiterer Wegweiser »**Zavižan**« auf einen in den Wald abzweigenden Fußweg aufmerksam macht. Hier verlassen wir die breite Fahrstraße. Der Fußweg gabelt sich bald, wir halten uns halbrechts. Auf nun schmälerem Weg geht es durch schönen Bergmischwald angenehm bergan (gut markiert). Ein breiterer Weg führt uns nach rechts leicht bergab. Nachdem wir eine Wiese überquert haben, mündet der Weg in Höhe eines Steinwalls wieder in den Wald und begleitet das Steinmäuerchen ein Stück. Nach einer auf einer Lichtung liegenden Alm treffen wir auf eine Forststraße, die wir gleich wieder nach links verlassen. An einer Kehre der Fahrstraße zum **Vučjak** gehen wir halbrechts vorbei. Kurze Zeit später wandern wir ein kleines Stück auf dem Fahrweg. Hinter einem Haus und einem Schild, das den Beginn des Naturparks **Velebit** kennzeichnet, biegen wir wieder halblinks in den Fußweg ein.

Wir kommen an ersten Felsen vorbei, dann geht es kurz bergab. An der Schleife eines Forstweges gehen wir erneut halblinks, um ihn an einer Wiese wieder geradeaus zu verlassen. Das nun folgende Wegstück ist zum Teil zugewachsen, man muss zweimal nach rechts ausweichen, aus dem Tälchen heraus, durch das der Weg führt. Nach einem großen Steinmann wandern wir rechts hinauf, abermals zur Fahrstraße. Diese überqueren wir und steigen im Wald bergauf. Hinter einem Waldrücken geht es wieder   *Bizarre*
Karstfelsen

leicht bergab. Der Weg führt abwechselnd durch niederen und hochstämmigen Buchenwald zu einer größeren Lichtung, auf der ein großer Steinmann steht. (Hier sehen wir zum ersten Mal den Gipfel und das Meer; 2 Std.) Wir wandern geradeaus weiter auf die nächste Freifläche und biegen halblinks in den Wald ab. Dort folgen wir bei einer Gabelung dem Schild »Plan. Dom Zavižan« nach rechts. Den Wald hinter uns lassend, steigen wir auf einen Rücken und werden mit einer tollen Sicht – u.a. auf die nahe gelegene Gipfelhütte und die adriatischen Inseln – belohnt. Kurz leicht absteigend, dann in einer langen Querung wieder bergan, erreichen wir die Hütte **Planinarski Dom na Zavižan** (2:45 Std.). Von hier ist man in weniger als 10 Minuten am Gipfel des **Vučjak** (1644 m). Die Hütte ist eine mit Küche, Aufenthaltsraum und davon getrennten Schlafmöglichkeiten gut ausgestattete Selbstversorgerhütte.

Nach ausgiebiger Rast wenden wir uns der Teerstraße nach Süden zu und verlassen sie nach der ersten Kehre, indem wir nach rechts dem Weg folgen, der zum Eingang des ca. 30 Hektar großen botanischen Gartens **Velebitski Botanički Vrt** führt. (Wenn es die Zeitplanung erlaubt, sollte man sich diesen unbedingt anschauen. Auf einem zweistündigen Rundweg werden einem mit Schautafeln viele der insgesamt 2600 Pflanzenarten näher gebracht, von denen die meisten endemisch sind, d.h. dass sie nur hier im Velebit-Gebirge vorkommen.) Hier gelangen wir auf einen breiten Fahrweg, dem wir nach rechts folgen, bis uns ein großes

> **Tipp**
> Diese Wanderung stellt den Beginn einer interessanten vier- bis fünftägigen Durchquerung des Velebit-Gebirges dar. (→ Wanderung 30).

Schild auf die Abzweigung zum Premužić-Weg (→ **Premužićeva Staza**) hinweist.

Ab jetzt ist der Weg hervorragend markiert. Nachdem wir einige Zeit Schatten spendende Waldhänge gequert haben, erreichen wir das atemberaubende Felsgebiet der **Rožanski Kukovi**. Der hervorragend angelegte Weg führt uns mitten durch die bizarre Karstlandschaft hindurch. Eine auf einem Felsen angebrachte Tafel erinnert an den Ingeni-

Ausgesetzte Passagen sind die Ausnahme

eur Ante Premužić, der in den 30er Jahren diesen Weg anlegen ließ. Ab und an verlagert sich der Weg auf die Meerseite des Velebit-Gebirgszuges, so dass wir auch noch Blicke auf die Adria genießen können. Schließlich umgeht unser Weg in einer langen, leichten Steigung einen größeren Berg. Dahinter geht es zwischen Latschen immer wieder auf und ab. Wir wandern zum Schluss einen spektakulären Felsabbruch entlang und gelangen auf eine schöne Wiese, von der aus man rechts die nahegelegene Schutzhütte **Rossijevo Sklonište** sieht (5:30 Std., 1580 m). Die Hütte ist immer offen, entspricht aber hinsichtlich der Ausstattung nicht unbedingt den Verhältnissen alpenländischer Bergsteigerunterkünfte (recht alte Decken und Matratzen). Daher ist ein eigener Schlafsack, zumindest ein

Leinenschlafsack, sehr angenehm. (Eine Kochgelegenheit ist vorhanden, Wasser jedoch nicht!) Dafür wird man den Sonnenuntergang von hier oben bestimmt nicht so schnell vergessen.

Alternative: Wer mit Kindern die **Rožanski Kukovi** erwandern will, fährt am besten mit dem Auto von **Oltari** zum **Planinarski Dom na Zavižan** hinauf (18 km auf breiter Schotterstraße) und geht dann entsprechend der Beschreibung so weit, wie der Nachwuchs Lust hat.

19 Vom Velebit-Hauptkamm bis zum Meer

Langer Abstieg entlang beeindruckender Felstürme: Rossijevo Skloniśte – Pass Veliki Alan – Jablanac

 anspr.

 16 km

 **6½ Std.**

 ↑200 m ↓1750 m

Tourencharakter: Die zweite Etappe der kleinen Velebit-Durchquerung (in Kombination mit Wanderung 18) gliedert sich in eine angenehme Höhenwanderung, gefolgt von einem langen Abstieg ans Meer. Die Wege sind gut und führen immer wieder durch Schatten spendende Wälder. Ausreichend Wasser mitnehmen!
Beste Jahreszeit: Anfang Mai bis Mitte Juni und Mitte September bis Ende Oktober.
Ausgangspunkt: Schutzhütte Rossijevo Skloniśte – Selbstversorgerhütte!
Endpunkt: Jablanac.
Wanderkarte: Planinarska Karta »Sje-

veni Velebit«, SMAND Verlag, Vidovec.
Markierung: Rot/weiß.
Verkehrsanbindung: Rückkehr zum
Auto: Bus Jablanac – Sv. Juraj um 6:30 Uhr und 16:30 Uhr. (Zeiten können sich ändern, deswegen im Ort nachfragen!) Bus Sv. Juraj – Oltari um 14:10 Uhr (an Schultagen auch vormittags) oder per Autostopp.
Einkehr: Berghütte Veliki Alan an verlängerten Wochenenden und in den Sommerferien bewirtschaftet. Restaurant Oaze in Jablanac.
Unterkunft: Jablanac.
Tourist-Info: Keine.

Die kleine Selbstversorgerhütte Rossijevo Skloniśte

Auf dem Weg vom Velebit-Gebirge zum netten Küstenort Jablanac durchwandert man nicht nur unterschiedlichste Landschaften, sondern auch alle klimatischen Höhenstufen, die Kroatien zu bieten hat: Anfang Mai liegt in den Gebirgswäldern oft noch eine Menge Schnee, während unten an der Küste die Olivenbäume bereits in der Hitze flimmern.

Der Wegverlauf

Von der Hütte gehen wir zur Wiese, wo uns der Wegweiser »Alan« den Weiterweg vermittelt durch die Felslandschaft und weiter durch den Wald. Nach einer langen, leicht ansteigenden Querung ändert sich das Landschaftsbild schlagartig auf einem schönen Wiesensattel (1:20 Std.). Über weitere Wiesensättel und -rücken wandern wir nach Süden. Abwechslungsreiche Waldwege schließen sich an. Eine Serpentine am Waldrand eröffnet einen beeindruckenden Blick auf das 1500 Meter tiefer gelegene Meer. Der nächste Wegweiser ist etwas verwirrend, weil sowohl nach

rechts als auch geradeaus »Alan« angegeben ist. Wir folgen der rechten Variante und stehen kurze Zeit später an der

19

Berghütte des **Veliki Alan** (2:40 Std, 1305 m). Hier kurz der Fahrstraße Richtung Meer folgen, um bei einem Mastenfundament nach links (Wegweiser »Jablanac«) abzubiegen. Gleich queren wir die Fahrstraße. Auf dem folgenden Schotterpfad sollte man den Steinmann nicht verfehlen, der nach links weist. (Nicht der Schotterspur geradeaus folgen!) Wir queren wieder die Fahrstraße, folgen ihr ganz kurz nach links. Gleich geht es wieder halbrechts in einen schmalen Fußweg ab. (Nicht scharf rechts zum breiteren Weg!) Eine Mauer führt zu einem flachen Talkessel, dann geht es auf bizarre Felstürme zu und schließlich direkt unter ihnen vorbei.

Der nun steinige Weg schlängelt sich eine breite Felsschlucht hinunter. Er wird flacher, weitet sich, und wir stoßen abermals auf die Fahrstraße, die wir nach rechts verfolgen und nach der nächsten Kurve wieder links verlassen (mit Pfeil markiert). Ein alter Karrenweg führt uns zur Küstenstraße hinab (5:10 Std.). Auf

ihr ca. 100 m nach rechts, bis uns eine Markierung links von ihr wegleitet. Ein breiter Weg führt zwischen beeindruckenden Felsenfeldern hindurch. Immer geradeaus, den Abzweiger nach links »Zavratnica« ignorierend, geht es nun unaufhaltsam dem Meer entgegen. Hinter einer Kurve sieht man schon die ersten Häuser von **Jablanac** und die Adria. Nun gerade hinunter auf die Ortsstraße, kurz nach rechts und dann in eine Teerstraße direkt hinab zum Hafen (6:30 Std.).

20 Zum höchsten Punkt der Insel Pag

Sanfter Anstieg durch bizarre Steinwüste: Hauptstraße bei Kolan – Sveti Vid – Hauptstraße bei Kolan

mittel

8 km

2 Std.

↑ 200 m
↓ 200 m

Tourencharakter: Kurze, wenig anstrengende Wanderung. Der Anstieg zum Gipfel erfolgt weglos über scharfkantige Karstfelsen. Feste Bergschuhe sind daher unbedingte Vorraussetzung. Unterwegs gibt es so gut wie keinen Schatten.
Beste Jahreszeit: Das ganze Jahr über möglich.

Ausgangs-/Endpunkt: Straßenkurve südlich von Kolan (nur mit Pkw).
Wanderkarte: Keine.
Markierung: Rot/weiß.
Verkehrsanbindung: Von Pag über Šimuni, von Zigljen über Novalja nach Kolan.
Einkehr: Unterwegs keine.
Unterkunft: Pag.
Tourist-Info: Pag.

Der kurze Anstieg und die uralte Gipfelruine dürften den Bergsteigernachwuchs durchaus ansprechen. Doch der Karst und die vielen Felsspalten, in denen man sich leicht die Füße verklemmt, machen es ratsam, nur trittsichere Kids mitzunehmen.

Der Wegverlauf

Von Novalja kommend, parkt man kurz vor der Haarnadelkurve südlich von **Kolan** oder fährt noch geradeaus in den Feldweg hinein zu einer der beiden Parkbuchten. Dem Fahrweg folgt man nun geradeaus bis zu den ersten rotweißen Markierungen. Der Weg führt – wie auch anders – zwischen Steinmauern hindurch, hinter denen neben dem Weinanbau auch Schafe gehalten werden. Wenn man sich die umliegenden kargen Berghänge ansieht, wird deutlich, wie wichtig solche **Poljen** (→ Einleitung: Land und Leute) für die Landwirtschaft auf den kroatischen Inseln sind. An einer Gabelung biegen wir links ab und lassen uns von den Mar-

20

Tipp

Die kargen Hochflächen östlich von Stara No-valja (nordwestlich von Novalja) eignen sich ebenso zum Wandern. Hier gibt es zwar keine markierten Wege, aber die freie Landschaft er-möglicht problemlose Orientierung. Vor allem bei Sonnenauf- und -untergang, wenn die röt-lichen Gesteine vom zarten Sonnenlicht ange-strahlt werden, lohnt sich ein Ausflug.

kierungen in einen schmalen Fußweg lei-ten (teilweise etwas zugewachsen). Weiter an einer Mauer ent-lang, über ein Vieh-gatter und dahinter gleich wieder links. Der Weg führt nun, schon um einiges steini-ger, talaufwärts. Wir stoßen auf eine Wegkreuzung (35 min.): Rechts geht es zum Dorf Šimuni, geradeaus zur Inselhauptstadt **Pag** und nach links zu unserem Ziel, dem **Sveti Vid**.

Impression an der Pager Bucht

Der Weg wird noch steiniger und steigt, Steinmännern folgend, leicht bergan. Im Flimmern der Morgen-sonne sehen wir schon die sanfte Gip-felkuppe mit der alten Ruine vor uns. Wir wandern weglos über scharfe Karstfelsen. An einer Kuppe taucht das mächtige Velebit-Gebirge am Hori-zont auf. Wir gehen leicht bergab an einem Schafhag vorbei, dann erst stei-ler und wieder flacher in Schleifen

dem Gipfel entgegen. Zum Schluss folgen wir einem undeutli-chen Pfad und treffen auf die vor der Ruine befindliche Stein-mauer. Am besten, man geht diese kurz ein Stück entlang und steigt am Südende über sie auf das Gipfelplateau (1:10 Std, 348 m). Man blickt auf die Pager Bucht mit **Pag** und dem Velebit dahinter. Geologisch hat Pag – wie alle vorgelagerten Inseln – denselben Aufbau wie das parallel dazu verlaufende Festland, zu dem es früher gehörte, bevor die Region absank. Die versunke-nen Längstäler wurden zu Meereskanälen, die herausragenden Bergketten zu Inseln. Das geschah in geologisch junger Vergan-genheit, vor etwas mehr als 10 000 Jahren. Der Anstieg des welt-weiten Meeresspiegels am Ende der Eiszeit hat diesen Effekt zu-sätzlich verstärkt.

Wir steigen auf gleichem Weg zum Ausgangspunkt zurück (2 Std.).

Variante: Alternativ kann man von besagter Wegkreuzung den Markierungen folgend weiter nach **Pag** wandern (zurück dann mit Bus oder per Autostopp).

21 Auf den markanten Bojin Kuk

Traumhafte Wanderung mit anspruchsvollem Gipfelanstieg: Milovci –
Bojin Kuk – Milovci

 mittel

 16 km

 5¼ Std.

 1050 m / 1050 m

Tourencharakter: Nach einem schattenlosen Anstieg folgt ein angenehmer Mittelteil mit kurzen Anstiegen in lichten Wäldern. Den Abschluss bildet eine anspruchsvolle Gipfelbesteigung, für die es aber eine leichtere Alternative gibt.
Beste Jahreszeit: Anfang Mai bis Mitte Juni und Mitte September bis Ende Oktober.
Ausgangs-/Endpunkt: Milovci.
Wanderkarte: Planinarska Karta »Paklenica« Nr. 19, SMAND Verlag, Vidovec.

Markierung: Rot/weiß.
Verkehrsanbindung: 1,6 km nördlich des Ortschildes von Starigrad verlässt man rechts die Küstenstraße und folgt dem kleinen Schild »Milovci« zu dem nahe gelegenen Dorf. Man kann das Dorf auch mit der Buslinie Zadar – Senj erreichen, wobei man dem Fahrer sagen muss, dass er in Milovci halten soll.
Einkehr: Unterwegs keine Möglichkeit.
Unterkunft: Starigrad Paklenica.
Tourist-Info: Nationalparkverwaltung in Starigrad.

Am Rande des Paklenica-Nationalparks liegt eine Felslandschaft, wie man sie sich schöner kaum vorstellen kann. Den stärksten Zauber strahlt eine hoch gelegene Wiesenfläche aus, die von bizarren Kalkskulpturen eingerahmt ist. Und auch der Gipfel mit seiner traumhaften Aussicht auf Berge und Meer steht dem in nichts nach.

Blick auf den Bojin Kuk

Der Wegverlauf

An einem der wenigen Häuser von **Milovci** bezeichnet eine rotweiße Markierung den Beginn der Wanderung. Zunächst an einer Mauer entlang, führt der steinige Weg durch lichte Macchia bergan. Der Weg wechselt auf die andere Talseite, wo er breiter wird. Später wird er wieder etwas undeutlicher, man muss gut auf die verblichenen Markierungen achten. Hinter einer großen Steineiche hält man sich eher etwas links. Die Serpentinen

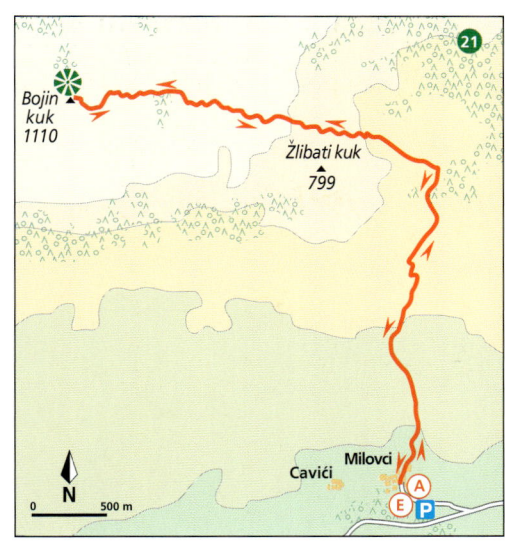

werden wieder markanter, wir gehen an Steinmauern entlang und bei einer Gabelung rechts. Wir wandern auf Bäume zu und zwischen diesen steiler bergan. Nach einigen Stufen gabelt sich der Weg; hier bleibt man auf dem breiteren. Am Ende weiterer Stufen nach rechts und auf nun eindeutigem Weg zu einem Sattel, auf dem eine winzige Kapelle steht. Der Weg führt nun flacher, zunächst zwischen bizarren Karstfelsen, dann zwischen Niederwald und Feldern hindurch zu einer Freifläche (1:30 Std.). Hier muss man aufpassen: Rechts an der Steinmauer steht »Runjo« geschrieben; auf etwa gleicher Höhe liegt links ein großer Stein auf der Wiese. Auf ihm befindet sich die verblichene Markierung »Bojin K. 1 Std.« (Zeitangabe allerdings unrealistisch) und wir folgen dieser nach links.

Der Weg ist nun schmäler, aber besser markiert. Wir steigen parallel zu schönen Kalkfelsen in lichtem Wald stetig, aber sanft bergan. Wir kommen näher an die Felsen heran und stehen plötzlich an einer märchenhafter Wiese, die von vielen markanten Felstürmen umrahmt ist. Hier gabelt sich der Weg. Wir gehen halbrechts eine Steinmauer entlang und danach ganz rechts wieder im Wald bergan. Die Felsen sind zum Greifen nahe, wir gehen ein Stück bergab und schließlich entlang weiterer Felsen hinauf

21

zu einem kleinen Sattel. Hier öffnet sich der Blick auf einen schönen Talkessel, hinter dem unser beeindruckendes Gipfelziel in den Himmel ragt. Inmitten des Kessels steht eine markante Felsstruktur, zu der man hinabsteigt und rechts davon vorbeigeht.

Auf der anderen Seite geht es im Wald wieder steiler bergan. Bei einer Kreuzung folgt man dem Wegweiser »**Zliba**« nach

21

links. Bei der kurz darauf folgenden Gabelung abermals links. Man tritt aus den Bäumen heraus und quert unterhalb einer gewaltigen Kalkplatte nach Westen. Dahinter führen die Markierungen über Felsplatten und -stufen auf einen breiten Absatz (2:50 Std.). Wer sich auf dem Weg hierher bereits unsicher fühlte, folgt lieber dem Wegweiser »Vidikovac« nach links und kurz darauf rechts einem Rücken zu dessen höchstem Punkt (3 Std.). Wer hingegen trittsicher ebenso wie schwindelfrei ist und sich im ersten Schwierigkeitsgrad wohl fühlt, folgt der nach rechts weisenden Markierung »Bojin Kuk« zum Gipfel. Zunächst erst einmal flach, doch dann geht es entlang einer markanten Wasserrille steil bergauf (zum Teil mit Hilfe einzementierter Stangen). Dann quert man nach rechts und umgeht nochmals mit Hilfe von Stangen eine Felskante. Dahinter in einfacherem Gelände weiter zum Gipfel des **Bojin Kuk** (3:15 Std., 1121 m). Man kehrt auf dem Anstiegsweg zum Ausgangspunkt zurück (5:15 Std.).

Den Aufstieg begleiten einzigartige Kalkfelsen.

22

In die Paklenica-Schlucht

Abwechslungsreiche Rundwanderung im Paklenica-Nationalpark:
Mala Paklenica – Velika Paklenica

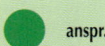 anspr.

 13 km

4¾ Std.

↑ 700 m
↓ 700 m

Tourencharakter: Die erste Hälfte der Tour verläuft mehr oder weniger weglos in der teilweise engen Mala Paklenica. Hierbei muss man immer wieder das Bachbett überqueren und je nach Wasserstand auch ein bisschen klettern, will man sich keine nassen Füße holen. Die zweite Hälfte weist keine besonderen Schwierigkeiten auf.
Beste Jahreszeit: Mitte April bis Ende Oktober. Im Frühjahr sollte man sich vorsichtshalber über den Wasserstand erkundigen.
Ausgangspunkt: Parkplatz am Beginn der Mala Paklenica.
Endpunkt: Eingang des Nationalparks an der Velika Paklenica.

Wanderkarte: Planinarska Karta Nr. 19 »Nacionalni Park Paklenica«, SMAND Verlag, Vidovec.
Markierung: Erst rot/weiß und »P«, dann rot/weiß und »2«.
Verkehrsanbindung: Auf der Küstenstraße über Karlobag nach Starigrad Paklenica und weiter nach Seline. Hier dem Schild »Mala Paklenica« links und dann immer dem markantesten Feldweg (zum Schluss rechts) zum Parkplatz folgen. Die Busse der Linie Rijeka – Senj – Zadar halten auch in Starigrad.
Einkehr: Unterwegs keine.
Unterkunft: Starigrad Paklenica.
Tourist-Info: Nationalparkverwaltung in Starigrad.

Der Wegverlauf

Auf der von unten gesehen linken Talseite der **Mala Paklenica** beginnt gleich am Parkplatz ein Fußweg mit verblichenen rotweißen Markierungen. Zunächst wandert man angenehm flach an einer Steinmauer entlang. Bald verengt sich das Tal zu einer Schlucht, und der Weg wird schmäler und steiniger. Vor einer Wildbachverbauung kreuzt der Weg zum ersten Mal das Flussbett. Wir folgen ihm und steigen gleich auf der anderen

Im verlassenen Bergdorf Jurline wird nur noch Imkerei betrieben.

Seite auf einer Schotterspur bergan. Über ein paar Felsen gelangen wir wieder ins Flussbett, wo wir, den Markierungen folgend, mal auf der rechten, mal auf der linken Seite des Talbodens weiterwandern. Nach einer Biegung wird die Schlucht enger und ist von mächtigen Felswänden umgeben. Hier versperrt ein zwischen den Wänden eingeklemmter, riesiger Felsblock den Weiterweg. Wir umgehen ihn, indem wir mit Hilfe eines Drahtseiles an der rechten Schluchtseite vorbeiklettern. Dahinter halten wir uns wieder an die Mitte des Bettes, um es schließlich nach links für eine Weile zu verlassen. Auf vielen steilen Serpentinen gewinnen wir nun schnell an Höhe. Ein kleiner Absatz bietet beeindruckende Blicke zurück auf die Schlucht und das dahinter liegende Meer.

Die Schlucht weitet sich, der Weg wird flacher, und wir steigen wieder hinunter ins Bachbett. Es folgt nun ein langer Abschnitt, auf dem man den Bach mehrmals überquert und sich so flussaufwärts arbeitet. Je nach Wasserstand kann man dabei auch nasse

22

Füße kriegen. An einigen Stellen ist sogar ein bisschen Kletterfertigkeit gefragt. Kurzzeitig wird der Bach links verlassen, dann geht das »Canyoning« wieder weiter. (Die markierte Abzweigung »Kapljarka« ignorieren wir.) Schließlich wird das Bachbett flacher und breiter. Es folgen schöne Gumpen und noch einmal klammartige Abschnitte. Dann teilt sich die Schlucht in zwei Arme auf. Wir folgen dem linken, meist wasserführenden Bachbett. Bald begleiten bewaldete Berghänge die **Mala Paklenica,** und es folgen kurze Pfade rechts und links des Bettes. Noch einmal geht es ins Bachbett hinein, aber bei der Markierung »Sretno« verlassen wir das Gewässer endgültig (2:45 Std.). Zunächst angenehm flach, dann jedoch steiler und in Serpentinen führt uns der Weg durch schönen Bergmischwald empor. Der Weg wird schnell eben und läuft auf eine Felder begrenzende Steinmauer zu (3 Std.). Hier folgen wir der Markierung »Jurline« nach links und wandern gleich wieder nach rechts an Steinmäuerchen entlang. Nun gehen wir auf einem weichen Erdweg weiter über ein Hochtal, das im Kontrast zur engen Schlucht unwahrscheinlich weit und offen wirkt. Wir befinden uns nun auf der ehemaligen Weidefläche **Njive Lekine**, die, wie auch die dazugehörige Alm **Jurline**, leider aufgegeben wurde.

Der Weg wird steiniger und führt leicht bergab. Es öffnen sich erste Blicke auf die Felsen der **Velika Paklenica**. Nachdem wir den Wald verlassen haben, erreichen wir die schönen Wiesen der früheren Alm **Jurline** (3:35 Std., 650 m). An diesem, dem Verfall anheim gegebenen Bergbauernhof wird nur noch ein wenig Imkerei betrieben. Vor der Alm bietet sich eine Brotzeit auf einer schönen Bank an, die unter einem mächtigen Feldahorn steht. Gestärkt wandern wir an der Abzweigung geradeaus Richtung »Starigrad«. Nach einem leichten Auf und Ab im niedrigen Wald kommen wir an Felsen vorbei und halten uns bei einer Gabelung links. Plötz-

22

Special

Der Gänsegeier

Sein Name ist genau genommen ein Etikettenschwindel: Denn die bevorzugte Beute dieses größten kroatischen Greifvogels (Flügelspannweite bis 3 m, Körperlänge bis 1 m, Gewicht bis 10 kg) sind nicht Gänse, sondern Schafe. Um die Beute vollständig ausnehmen zu können, besitzt der Gänsegeier einen langen Hals und einen kräftigen Schnabel. Sein Körper ist hellbraun, während die Flügel- und Schwanzfedern dunkel sind; um den Hals trägt er einen hellen Kragen. Da die Schafzucht im Gebiet des Nationalparks – wie die gesamte Berglandwirtschaft – auf dem Rückzug ist, schwindet hier auch die Nahrungsgrundlage des Gänsegeiers stetig. Dementsprechend befindet sich die Hauptpopulation der Gänsegeier in Kroatien nicht im Paklenica-Nationalpark (nur ca. 5 Brutpaare) sondern auf der Insel Cres (ca. 70 Paare), wo die Schafzucht weiterhin eine wichtige Erwerbsquelle der Einwohner darstellt. Da die Opfer so gut wie immer durch Krankheiten geschwächte Herdentiere darstellen, haben die Schäfer mit den Geiern keine Probleme. Im Gegenteil – wirken sie doch als wirksame Gesundheitspolizei. Zum Bestandsrückgang trägt auch das Brutverhalten der Vögel bei: Jedes Paar zieht pro Jahr nur ein Junges auf, das wiederum fünf Jahre braucht, um selbst ins brutfähige Alter zu kommen. Konnten früher auch an den Steilwänden der Velika Paklenica Nistplätze beobachtet werden, so wird man heutzutage allenfalls über der Mala Paklenica einen der Gänsegeier kreisen sehen. Dementsprechend ruhig sollte man sich hier beim Wandern verhalten, können doch gerade Jungvögel durch laute Rufe etc. stark verstört werden.

lich stehen wir am Rand der **Velika Paklenica** und genießen eine beeindruckende Aussicht auf die berühmte Schlucht. Nun geht es in vielen, aber angenehmen Serpentinen auf gutem Weg durch den Bergmischwald bergab. Am Talboden (4:10 Std.) angekommen, überqueren wir mit Hilfe von Trittsteinen den Fluss (für uns mittlerweile ein Kinderspiel) und stoßen auf der anderen Seite auf den breiten Fußweg, der nach links Richtung Meer und somit zum Haupteingang des Nationalparks führt (4:40 Std.). Auf dem Weg dorthin kann man die Kletterer bei ihren beinahe artistischen Versuchen beobachten, die eine oder andere Tour »rotpunkt« zu durchsteigen. Das heißt, ohne zu stürzen oder Pausen einzulegen und ohne Benutzung künstlicher Hilfsmittel.

Velika Paklenica

Zurück zum Auto: Entweder man fragt einen Kletterer oder Wanderer nach einer Mitfahrgelegenheit bis Starigrad und trampt von da nach Seline. Von der Hauptstraße geht man dann noch 15 Minuten bis zum Parkplatz. Oder man geht zu Fuß: Gegenüber vom Eingang beginnt ein Fußweg, der im weiteren Verlauf als Feldweg parallel zum Gebirgsfuß zum Ausgangspunkt führt (ca. 1 Std. zusätzlich).

23

Bei den Krka-Wasserfällen

Zu schäumenden Kaskaden und stillen Seen: Haupteingang – Holzstege –
Visovačko Jezero – Skradinski Brut – Haupteingang

leicht

5 km

2¾ Std.

↑ 200 m
↓ 200 m

ja

Tourencharakter: Einzigartige Rundwanderung auf Holzstegen und guten Wegen. Aufgrund des Schattens das ganze Jahr über möglich.
Beste Jahreszeit: Ende März bis Ende Oktober. Im Frühjahr am empfehlenswertesten.
Ausgangs-/Endpunkt: Haupteingang des Nationalparks.
Wanderkarte: Keine.
Markierung: Wegweiser mit Fußsymbol.

Verkehrsanbindung: Bei Šibenik verlässt man die Küstenstraße bei der Ausfahrt »N.P. Krka«. Nun auf der Straße nach Drniš weiter, bis in Losovac weitere Schilder erst nach links, dann nach rechts zum Haupteingang leiten. Hierher von Šibenik aus auch mit öffentlichem Bus.
Einkehr: Café/Bar beim Mühlenmuseum am Ende der Tour.
Unterkunft: Šibenik.
Tourist-Info: Šibenik.

Die Wasserfälle des **Krka-Nationalparks** darf man sich auf keinen Fall entgehen lassen. Allerdings sollte man sich die Besichtigung nach Möglichkeit nicht an einem Samstag oder Sonntag vornehmen. Verlängert werden kann diese Tour mit einer Bootsfahrt.

Der Skradinski Brut

Der Wegverlauf

Am Eingang folgt man zuerst der Teerstraße, die man nach wenigen Metern halblinks wieder verlässt. Durch lichten Wald geht es angenehm bergab. Man stößt auf eine Kehre der Straße, folgt dieser ganz kurz und biegt nach der Schleife halblinks in einen Fußweg (markiert). Im Talboden angekommen, folgen wir wieder der Straße, gehen am Informationsstand vorbei und weiter zur **Übersichtstafel**. Hier wenden wir uns nach rechts und wandern nun auf einem Holzsteg. Bei der nächsten Gabelung halten wir uns rechts. Der schöne Wasserweg führt durch fast dschungelartige Vegetation inklusive Feigenbäumen hindurch. Wir steigen ein paar Stufen hinunter und ergattern einen ersten Blick auf die Wasserfälle. Immer dem Fußsymbol folgend, machen wir einen kleinen Abstecher zu einem Aussichtspunkt.

Wir gehen wieder zurück und wenden uns nach links zur anderen Seite des Talbodens. Auf einem breiten Erdweg gelangen wir

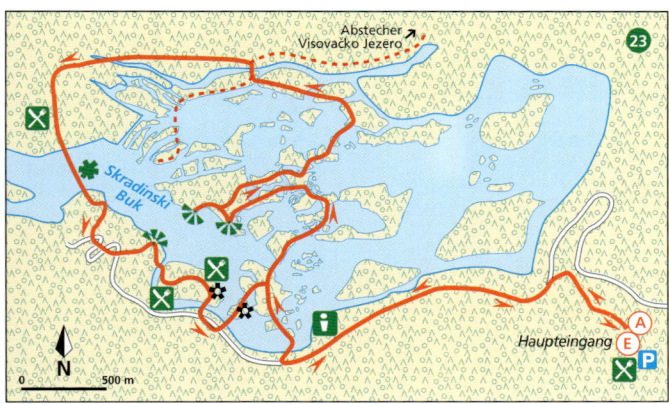

zu einer Holzbrücke (40 Min.). Dahinter bietet sich ein lohnender Abstecher an: Man folgt einfach nach rechts einem den Auwald begleitenden Fahrweg so lange, bis es nicht mehr weitergeht. Ein direkt am **Visovačko Jezero** gelegenes Mäuerchen ist für uns ein schöner Rastplatz, an dem man die Füße im Wasser kühlen kann. (Baden ist hier nicht erlaubt, wohl aber später unterhalb der Wasserfälle.) Wir gehen dann zu der Holzbrücke zurück (1 Std.), wenden uns nach rechts und bergab zu einem weiteren Holzsteg. Bald liegt gleich neben dem Weg ein weiterer Aussichtspunkt. Es folgen Stufen, die uns direkt zur Wiese unterhalb der berühmten Wasserfälle bringen. Hier kann man noch vor der langen Brücke nach links gehen und kommt somit näher an den **Skradinski Brut** heran. Rechts von der Brücke ist das Baden endlich erlaubt. Nun gehen wir über die Brücke hinüber und folgen auf der anderen Seite den Steinstufen nach oben. Wir stoßen auf einen gepflasterten Fahrweg, dessen Serpentine wir über Treppen abkürzen können. An einem gepflasterten Platz folgen wir dem Wegweiser »Ethnologisches Museum«.

Den krönenden Abschluss bildet ein schönes Ensemble alter **Mühlen**. In den ersten beiden sind Souvenirläden sowie ein Café untergebracht. Dahinter geht man über eine Brücke in das aus drei Gebäuden bestehende Museum. Indem man zwischen zweitem und dritten Gebäude rechts hinaufsteigt, erreicht man wieder den Holzsteg, der uns zur Übersichtstafel führt (2:30 Std.). Von hier geht es auf bekanntem Weg zum Haupteingang (2:50 Std.).

24 Zur Gipfelkirche Sveti Luka

Anstrengender Anstieg mit fast alpiner Schlüsselstelle: Kaštela-Kambelovac – Sveti Luka – Kaštela-Kambelovac

anspr.

9 km

4¾ Std.

↑ 720 m
↓ 720 m

Tourencharakter: Anspruchsvolle Bergtour auf zum Teil ausgesetzten Wegen. Bei der Schlüsselstelle hilft ein Drahtseil weiter. Aufgrund des südseitigen und schattenlosen Anstiegs früher Aufbruch ratsam.
Beste Jahreszeit: Anfang April bis Mitte Juni und Anfang September bis Ende Oktober.
Ausgangs-/Endpunkt: Kaštela-Kambelovac.
Wanderkarte: Keine.
Markierung: Rot/weiß.

Verkehrsanbindung: Nur mit Pkw. Von der Küstenstraße bei Trogir rechts ab. Weiter den Schildern »Kaštela« folgen. In Kaštela-Kambelovac an der Hauptkreuzung links (Café Raffaelo) der Straße bergauf folgen. An einer Gabelung hält man sich links und folgt der Straße weiter bis zu einer Steinmauer mit Marienstatue auf der rechten Seite. Hier parken.
Einkehr: Kaštela-Kambelovac.
Unterkunft: Split.
Tourist-Info: Split.

Der Wegverlauf

An der Mauer befindet sich neben der Marienstatue die erste rotweiße Markierung, der wir nach rechts folgen. Wir verlassen den breiten Fahrweg, indem wir bei einer Kurve dem Fußweg geradeaus folgen (verblichene Markierungen). Über Stufen erreichen wir einen Friedhof. Hier zweimal hintereinander links. (Nicht die erste, obwohl man an einem Baum eine Markierung sieht!) Schließlich rechts in einen Weg, der über Stufen aus dem Friedhof herausführt. An einer großen Mauer gehen wir rechts, danach links und stoßen wieder auf Markierungen. Es folgt ein schmalerer Fußweg, der zwischen Ginster bergan führt. Nachdem er flacher und breiter wird, stößt er auf die Kurve eines Fahrweges; hier gehen wir links. Diesem folgen wir einige Zeit und dürfen nicht übersehen, dass es bei einem Steinmann scharf links abgeht (keine Markierungen mehr, aber deutlich zu sehen). Wir wandern auf Steineichen zu und durch diese hinauf. Der Weg ist kurzzeitig etwas zugewachsen. In Höhe der linker-

Anstieg zur Kapelle Sv. Luka

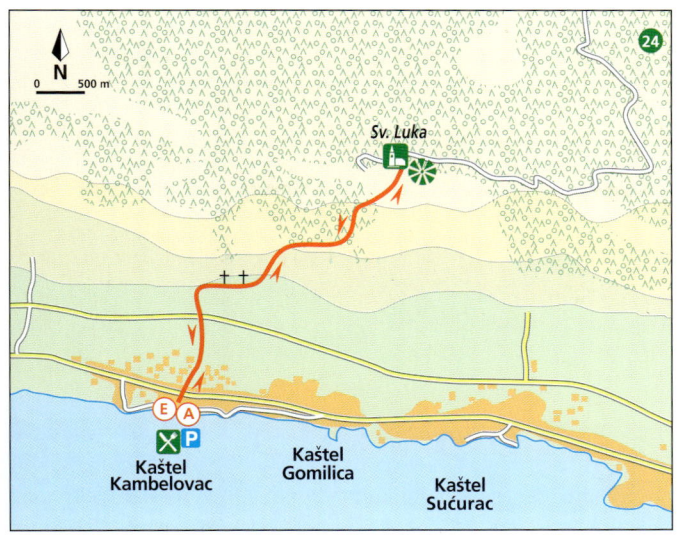

hand liegenden Oberkante eines Felsabbruchs macht der Weg eine Rechtskurve. Wir kommen auf einen Absatz mit zwei Steineichen. Hinter der zweiten steigen wir flach über Wiese (weglos) halblinks bergan und stoßen auf einen markierten Weg (1 Std.). Diesem folgen wir nach rechts. Wir kreuzen zweimal einen Fahrweg, halten uns aber immer an die Markierung »Sv. Luka«. Der Weg wird steiler und undeutlicher. Er führt geschickt an Felsblöcken vorbei und hinter diesen nach links, an der folgenden Abzweigung nach rechts der Markierung »Luka« nach.

Etwas flacher verläuft der Weg unterhalb einer mächtigen Felswand. Bei der nächsten Weggabelung wieder in Richtung **Sv. Luka**. Der zum Teil etwas ausgesetzte Weg wird besser und quert weiter den Hang nach Osten. Dann geht es links steiler bergan, und wir gewinnen über eine Felsrampe (Schlüsselstelle mit Drahtseil gesichert – Trittsicherheit erforderlich!) schnell an Höhe. Auf dem nachfolgenden Absatz erhascht man schon einen Blick auf die Gipfelkapelle. Zum Schluss gelangt man, noch einmal die Hände benutzend, auf die Hochfläche und auf ihr rechts zur Kapelle (2:45 Std., 700 m). Es bietet sich ein toller Blick auf Split und die ihm vorgelagerte Insel Brač. Der Abstieg erfolgt auf dem Anstiegsweg (4:45 Std.).

25 Split und Marjan-Halbinsel

Altstadtbesichtigung und Waldspaziergang: Altstadt Split – Telegrin – Westspitze von Marjan – Altstadt Split

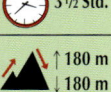

leicht

7 km

3½ Std.

↑ 180 m
↓ 180 m

ja

Tourencharakter: Schöne Mischung aus Stadtrundgang und Waldwanderung auf durchwegs hervorragenden Wegen.
Beste Jahreszeit: Das ganze Jahr über möglich.
Ausgangs-/Endpunkt: Hafenpromenade von Split.
Wanderkarte: Stadtplan Split, Hrsg.:

Fremdenverkehrsamt der Stadt Split (gratis dort erhältlich).
Markierung: Keine.
Verkehrsanbindung: Von Rijeka über Zadar auf der Adria Magistrale direkt nach Split. Auch mit öffentlichem Bus erreichbar.
Einkehr: Split.
Unterkunft: Split.
Tourist-Info: Split.

Steht man am belebten Hafen von Split, kann man sich wohl kaum vorstellen, dass hier eine idyllische Waldwanderung zu einer relativ einsamen Badebucht beginnt. Doch vorher sollte man sich unbedingt die Altstadt ansehen, weshalb ich Ihnen die folgende Kombination von Kultur und Natur vorschlagen möchte.

Tipp

Verlässt man die Palastanlagen in Richtung Osten durch die Porta Argenta, gelangt man schnell zu dem zwischen Palast und der Zagrebaška-Straße gelegenen, farbenprächtigen Bauernmarkt. Einen Besuch wert ist außerdem das nördlich der Altstadt gelegene Archäologische Museum, in dem die größte Sammlung antiker Funde Dalmatiens zu sehen sind (Zrinjsko-Frankopanska 25, Di–Sa 9–13 Uhr und So 10–12 Uhr, im Sommer zusätzlich 16–19 Uhr).

Der Wegverlauf

Wir beginnen unsere Wanderung an der »Riva« genannten Hafenpromenade von **Split**, an deren östlichen Ende sich ein (kostenpflichtiger) Parkplatz befindet. Gleich der Beginn dieser Kulturwanderung versprüht so viel heiteres mittelländisches Flair, dass die serbischen Angriffe während des Bürgerkrieges fast schon wieder vergessen zu sein scheinen.

Nachdem wir vom Parkplatz aus ein kurzes Stück die Promenade entlanggeschlendert sind, sehen wir auf der rechten Seite einen Durchgang durch die alte Stadtmauer. Es ist das so genannte Seetor, das für den meerseitigen Zugang in das Wahrzeichen von Split sorgt: den Diokletianpalast. Der Komplex stellt für sich alleine schon ein eigenes Stadtviertel dar; viele der ehemals römischen Gebäudeteile wurden und werden zu Wohnzwecken genutzt (Gesamtfläche ca. 30 000 m^2). Wir gehen durch die dunklen Gewölbe der ehemaligen Kelleranlage des Palastes (hier befinden sich heute Souvenirläden und Kunstaustellungen; ein Teil der Katakomben kann für 6 Kn. besichtigt werden) und steigen zur kreisrunden Halle des Vestibüls hinauf. Dieses ist der besterhaltenste Teil der alten Kaiserresidenz. Das Vestibül stellte früher den Eingangsbereich in die kaiserlichen Gemächer dar. Die Kuppel war damals geschlossen und mit Mosaiken und Marmor ausgekleidet.

Über massive Steinstufen erreichen wir sogleich das Herz der Altstadt: das Peristyl. Dieses fungierte früher als Eingangshof zu den kaiserlichen Gebäuden und diente Repräsentationszwecken. An dem von korinthischen Säulen gesäumten Platz finden an Sommerabenden kulturelle Veranstaltungen im Rahmen des »Spliter Sommers« (→ **Feste/Veranstaltungen**) statt. Von hier aus wollen wir die Sehenswürdigkeiten der Palastanlagen erkunden:

Gleich an der Ostseite des Platzes grenzt das achteckige Mausoleum des Kaisers an. 316 wurde Diokletian hier bestattet. Im 7. Jh. wurde das Bauwerk in eine christliche Kathedrale zu Ehren des heiligen Duje umgewandelt. Neben dem herrlichen Holzportal von Andrija Buvina (1214) und der Innenausstattung (spätromanische Kanzel, Rundfries der Kuppel) ist das Kuppelgewölbe der Krypta äußerst sehenswert. Außerdem kann man für ein kleines Entgelt den 57 m hohen Glockenturm besteigen, was die Mühe unbedingt wert ist. Der Blick auf die bunten, verschachtelten Dächer der Altstadt, die mittelalterlichen Plätze und das Treiben am geschäftigen Hafen entschädigt reichlich für die geringe Gebühr! (Die Kathedrale ist im Sommer täglich 8–20 Uhr geöffnet.) Danach folgen wir vom Peristyl aus immer geradeaus der Diokle-

25

cija Nova durch die nördlichen Bereiche der Palastanlage. Sie dienten der Unterbringung der Burgbesatzung sowie des übrigen Personals, während die südlich des Peristyls gelegenen Bauten dem Kaiser, seinen Beamten und dem Hofstaat vorbehalten waren. Kurze Zeit später treten wir durch die Porta Aurea (das ehemalige Haupttor) aus dem Komplex heraus und stehen direkt vor der 8 m hohen Bronzestatue des Bischofs von Nin. Der Geistliche wird bis heute als Gründervater der kroatischen Nation verehrt. Er setzte sich im 10. Jh. unter anderem dafür ein, dass anstatt der lateinischen die den Menschen verständlichere glagolitische Schrift verwendet wurde. Die gemeinsame Schrift und Sprache stärkten das kroatische Nationalbewusstsein; der Bischofssitz Nin wurde zur Keimzelle der kroatischen Nation. Auffallend an dem von dem berühmten kroatischen Bildhauer Meštrovic geschaffenen Kunstwerk ist der blankpolierte große Zeh des Bischofs. Dem Aberglauben nach soll das Berühren dieser Zehe nämlich Glück bringen – vor allem was die Familienplanung angeht.

Unweit der Statue steht der gut erhaltene Eckturm des Palastes, und zwischen Turm und Statue sind die Reste der vorromanischen Kirche St. Benedikt mit der Kapelle von Arnier (15. Jh.) zu sehen. Wir gehen zum Peristyl zurück, wobei man sich ruhig einmal im Labyrinth der engen Gassen umhertreiben lassen sollte. Links vom Café Luxor beginnt die schmale Straße Kraj – Sv. Van, die uns zum ehemaligen Jupitertempel führt. Auch dieser Tempel wurde zu einem christlichen Sakralbau, in diesem Fall einer Taufkapelle, umgewandelt. Hinter dem Tempel folgen wir rechts der Gasse Bajamontijeva, wenden uns gleich nach links und verlassen den

25

Diokletianpalast durch das Eiserne Tor (Porta Ferrea). Wir befinden uns nun am Narodni Trg, dem mittelalterlichen Zentrum der Stadt. Hier steht das Rathaus, das ein Volkskundemuseum beherbergt (Di–Fr 10–12 Uhr und 17–20 Uhr, Sa, So 10–13 Uhr, Mo 10–12 Uhr) und das Turmhaus mit der alten Stadtuhr.

Am Ende des Platzes gehen wir links und erreichen über die Šubićeva den Trg Brace Radica (wo sich ein alter Wehrturm, der Milesi-Palast und die Touristeninformation befindet) und schließlich wieder die Hafenpromenade. Hier gehen wir nach rechts, kommen am Beginn der Marmontova (Einkaufsstraße und Fischmarkt) vorbei zu einem großen Springbrunnen. Halblinks gegenüber befinden sich Kirche und **Kloster Sveti Frane** mit einem schönen Kreuzgang. Rechts von dem Sakralbau beginnt die **Senjska-Straße** und somit der landschaftliche Teil der Wanderung (ca. 2 Std.).

Wir folgen der Straße bergan, erreichen an ihrem Ende über ein paar Stufen den Parkeingang der **Marjan-Halbinsel** und wandern immer der Mauer entlang geradeaus. Wir stoßen auf einen Teerweg und gehen hier links. (Das rechter Hand liegende Gebäude ist der Eingang zum naturwissenschaftlichen Museum und dem Zoo.) Noch einmal links, dann wieder rechts und kurz eine Straße entlang. Auf Stufen geht es weiter geradeaus zum höchsten Punkt, dem **Telegrin** (2:30 Std., 178 m). Weiter geht es über den Aussichtsplatz gerade hinüber und auf der anderen Seite ein paar Stufen hinab. Wir wandern ein kurzes Stück auf der Teerstraße und biegen dann halblinks in einen Fußweg. Nachdem wir diesem immer geradeaus gefolgt sind, stoßen wir erneut auf eine Straße, verlassen diese aber sogleich wieder, indem wir halbrechts den Wegweiser »Aquarium« beachten. Auf einem Erd-/Steinweg geht es in schönem Wald leicht bergab. Immer in gleicher Richtung wandernd, stoßen wir kurz vor dem Ufer auf eine Straße. Hier wenden wir uns nach rechts und steigen dann links eine Treppe hinunter. An einem Zaun rechts vorbei, und wir stehen kurze Zeit später am Meer. Die Küste ist hier zwar sehr felsig, dafür gibt es kühle Schattenplätze im daneben liegenden Wald, und das Wasser ist zum Baden vollkommen in Ordnung (3:30 Std.). Einen richtigen Strand findet man auf der Südseite der Halbinsel.

Zurück zur Altstadt kommt man bequem mit dem Bus Nr. 12. Er hält unweit der Stelle, an der wir auf die Straße gestoßen sind (vor einem Restaurant).

26 Auf den Mosor-Gipfel

Zu knallrotem Gipfelturm: Sitno Gornje – Planinarski Dom Umberto Girometta – Mosor – Planinarski Dom Umberto Girometta – Sitno Gornje

 mittel

 11 km

 4 Std.

 ↑ 800 m ↓ 800 m

Tourencharakter: Bis zur Bergsteigerhütte angenehmer Anstieg auf guten Fußwegen (hierher auch mit Kindern). Danach folgen schmälere, zum Teil steinige Wege und zum Schluss ein recht steiler Gipfelanstieg. Die meiste Zeit ohne Schatten.
Beste Jahreszeit: Anfang April bis Mitte Juni und Anfang September bis Ende Oktober.
Ausgangs-/Endpunkt: Sitno Gornje.
Wanderkarte: Keine.
Markierung: Rot/weiß.
Verkehrsanbindung: Von Split kommend in Strobec nach dem Fluss die erste Straße links weg nach Zrnovnica.

Dort hinter zwei Pizzerias links dem Schild »Sitno Gornje« folgen. Durch Sitno donje hindurch, scharfe Kehre an den letzten Häusern. Bei der nächsten Straßengabelung geradeaus nach Sitno Gornje. Von Split aus mit der Linie Nr. 28 Richtung Dubrava erreichbar. An Werktagen neunmal, an Wochenenden fünfmal täglich; Abfahrt am Ende der Riva (Promenade) am Kula-Turm.
Einkehr: Berghütte (an Wochenenden) und zwei Gasthäuser am Ausgangspunkt.
Unterkunft: Split.
Tourist-Info: Split.

Der rote Schutzturm am Mosor-Gipfel

Der höchste Gipfel des Mosor-Gebirges ist sozusagen der Hausberg von Split. Dementsprechend pilgern an schönen Wochenenden sportliche Städter in Scharen in die bezaubernde Berglandschaft. Dabei begnügen sich die meisten mit einer Wanderung zur leicht erreichbaren Berghütte. Und so ist man am Gipfelanstieg meistens so gut wie allein unterwegs.

Der Wegverlauf

An einer Straßenkehre mit Bushaltestelle sehen wir bereits die Markierung, die in zwei Richtungen weist. Wir gehen nach links in die Ulica Sveti Kuzme. Nach wenigen Metern verlassen wir die Asphaltstraße, indem wir rechts der Markierung »Plan. Dom« folgen. Auf mit groben Steinen gepflastertem Weg geht es zunächst sanft, dann in Serpentinen steiler bergauf. Man stößt auf einen Fahrweg, geht kurz links und gleich wieder rechts von ihm weg. Der Weg wird allmählich flacher. Die blank polierten Steine beweisen, dass die Berghütte ein beliebtes Ausflugsziel ist.

Bei ein paar an einem Pfahl befestigten Wegweisern folgen wir rechts zum »Plan. Dom«. Es geht kurz steiler auf ein Wäldchen zu und dort hinein, wo man auf einen breiteren Weg stößt, dem man nach links folgt. Immer geradeaus wandernd verlässt man den Wald wieder und steht auch schon vor dem **Planinarski Dom Umberto Girometta** (45 Min., 900 m, an Wochenenden und in den Sommerferien bewirtschaftet). An einer Steinmauer vor dem Haus ist »V. Stup« ausgeschildert. In steileren

Serpentinen führt der nun schmälere, aber gut markierte Weg durch Felsgelände bergan. Wo es flacher wird, trifft man auf einen weiteren Wegweiser und geht einfach geradeaus. Die Steine sind hier kaum abgetreten – die meisten Ausflügler begnügen sich wohl mit dem Aufstieg zur Hütte. Es bieten sich erste Blicke auf Split und die Adria. Hinter einem Sattel geht es leicht bergab in ein Tälchen, durch das ein angenehmer Wiesenweg führt (Abzweiger ignorieren, immer geradeaus).

Vor uns liegt nun der lange Gipfelanstieg. Der Weg verschlechtert sich, dafür spenden Bäumchen ein wenig Schatten. Das Gelände wird immer felsendurchsetzter, der Weg ist aber gut angelegt. Wo es flacher wird und man fast schon auf der Scheitelhöhe der Gebirgszuges angelangt ist, treffen wir auf eine letzte Gabelung. Wir bleiben der Markierung »V. Stup« treu und gehen nach rechts. Flacher und kurz bergab queren wir nach Osten, wenden uns dann nach links hinauf zum Rücken, dem wir nach rechts folgen und sogleich den **Vickov** (Biwakturm) am **Mosor-Gipfel** (2:15 Std., 1331 m) erreichen. Von hier hat man eine tolle Aussicht auf die Inseln Brač und Hvar. Wir kehren auf gleichem Weg zum Ausgangspunkt zurück (4 Std.).

27 An der Südküste von Brač

Traumhafte Küstenwanderung zum Felsenkloster Blaca: Murvica – Farska – Blaca – Farska – Murvica

 mittel

15 km

5 Std.

↑ 250 m
↓ 250 m

Tourencharakter: Der erste Teil der Wanderung erfolgt auf einem breiten Fahrweg, den man auch gut mit dem Fahrrad zurücklegen kann. Dann geht es auf guten Fußwegen weiter, wobei Pinien immer wieder Schatten spenden. Für Kinder empfiehlt sich die Alternative mit dem Schiff (siehe Tipp).
Beste Jahreszeit: Das ganze Jahr über möglich.

Ausgangs-/Endpunkt: Murvica.
Wanderkarte: Keine.
Markierung: Zum Teil rot/weiß.
Verkehrsanbindung: Nur mit dem Auto. Von Bol Richtung Zlatni Rat, in scharfer Linkskurve nach rechts dem Schild »Murvica« folgen und nach wenigen Kilometern dort parken.
Einkehr: Unterwegs keine.
Unterkunft: Bol.
Tourist-Info: Bol.

Die Holz-
pforte des
Felsenklosters
Blaca

Die Südküste der Insel **Brač** ist vor allem wegen des landschaftlich einmaligen Strandes Zlatni Rat bei Touristen sehr beliebt. Die nach Westen hin daran anschließenden Badebuchten können mit der einzigartigen Form des »Goldenen Hornes« zwar nicht mithalten; dafür sind sie – weil nur zu Fuß erreichbar – absolut einsam und meiner Meinung nach idyllischer. Ob man vor und/oder nach dem Besuch des Felsenklosters Blaca ein Bad nimmt, bleibt natürlich jedem selbst überlassen.

Der Wegverlauf

Bei den wenigen Häusern des Weilers **Murvica** folgt man zunächst der breiten Erdstraße immer Richtung Westen. (Unten am Meer ist zwar immer wieder ein Fußweg zu erkennen; dieser ist aber in der ersten Hälfte stark zugewachsen und wird nicht

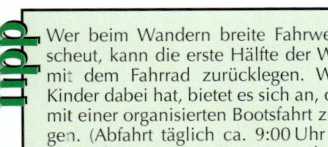

mehr benutzt bzw. soll nicht mehr benutzt werden.) Die Küste wird kahler, es folgen zuerst Weinberge, dann Olivenkulturen. Man kommt

Wer beim Wandern breite Fahrwege verabscheut, kann die erste Hälfte der Wanderung mit dem Fahrrad zurücklegen. Wenn man Kinder dabei hat, bietet es sich an, das Kloster mit einer organisierten Bootsfahrt zu besichtigen. (Abfahrt täglich ca. 9:00 Uhr im Hafen von Bol. Im Preis ist ein Essen und die Besichtigung des Klosters enthalten.)

oberhalb von Häusern vorbei und schlägt bei einer Straßengabelung (1:15 Std.) den linken Fahrweg ein, verlässt diesen aber sogleich, indem man links einem schmalen Fußweg bergab, Richtung Meer, folgt. (Unterhalb des Fahrweges befindet sich ein Steinmann, oberhalb an einem Stein ein roter Pfeil und die Aufschrift »Blaca«.) Wir wandern auf dem undeutlichen Pfad an der rechten Seite der Erosionsbucht bergab und wenden uns bald nach rechts zu einer Art Ruine (Markierung: roter Pfeil am Gemäuer). Der Weg bleibt zunächst undeutlich. Wir gehen an einem Haus vorbei und dahinter nicht die Stufen hinunter, sondern folgen halbrechts dem Weg. Nach dem Haus wird der Weg breiter, ist aber etwas zugewachsener. Hier steigen wir bei einem Baum links hinunter zur Bucht. Nun immer die Küste entlang wandernd, kommen wir an den ersten Häusern des Weilers **Farska** vorbei. (An einem Haus zeigt ein Schild an, dass hier Zimmer zu vermieten sind. Das ist für alle Zivilisationsgeschädigte genau der richtige Ort zum Aussteigen!)

Man durchquert die wenigen Anwesen des Dörfchens (1:35 Std.) und wandert dahinter zwischen Pinien mal bergauf, mal bergab. Nach malerischen Buchten

27

muss man sich zweimal über ein Gatter schwingen. Nachdem man einen Steinmann passiert hat, gelangt man in die bisher größte Bucht, die **Uvala Blaca** (2:20 Std.). Hier legen auch die Bootsausflüge von **Bol** nach **Blaca** an, was dazu führt, dass sie – im Gegensatz zu den vorherigen Buchten – leider ein wenig vermüllt ist. An einem Steinmäuerchen sieht man auch schon den Wegweiser »Blaca«. Ein breiter Weg führt zuerst auf der linken Seite des Trockentales bergan. Nachdem man einige beeindruckende Felsen passiert hat, öffnet sich das Tal, und der Weg zieht

sich zum Abschluss auf der rechten Talseite zum **Felsenkloster** empor (2:45 Std). Das direkt an eine steile Felswand gebaute Kloster ist außer montags täglich von 9 bis 17 Uhr zu besichtigen. Man kann sich vorsichtshalber vorher telefonisch erkundigen, ob auch jemand da ist (00385/9 15 16 46 71). Wir kehren auf demselben Weg zum Ausgangspunkt zurück (5 Std.). Dabei hat man die Qual der Wahl, welche der idyllischen Buchten zum Baden wohl die schönste ist.

27

28 Auf den Vidova Gora

Auf altem Karrenweg zum höchsten Punkt der Insel Brač mit Postkartenblick auf das Goldene Horn: Bol – Vidova Gora – Bol

 mittel

 12 km

3½ Std.

↑ 740 m
↓ 740 m

Tourencharakter: Angenehmer Anstieg auf fast durchwegs guten Wegen. Aufgrund des seltenen Schattens und der südseitigen Exposition ist im Sommer ein sehr früher Aufbruch ratsam.
Beste Jahreszeit: Anfang April bis Ende Juni und Anfang September bis Ende Oktober.
Ausgangs-/Endpunkt: Kirchlein oberhalb von Bol.
Wanderkarte: Keine.
Markierung: Zum Teil rot/weiß.

Verkehrsanbindung: Auf dem Weg hinunter nach Bol an der Hauptstraße vor großem weißen Haus (Schild »Zlatni Rat- Skladiste Service«) rechts weg in kleine Straße; gerade bergan und oberhalb von der Kapelle parken. Bol ist auch mit dem Bus erreichbar.
Einkehr: Gasthaus am Gipfel des Vidova Gora.
Unterkunft: Bol.
Tourist-Info: Bol.

Die Besteigung des Vidova Gora ist eine der reizvollsten Inselwanderungen in diesem Buch. Oben angekommen, liegt einem der Traumstrand Zlatni Rat zu Füßen. Und so erübrigt sich die Frage, wohin man nach der Tour zum Baden wohl gehen soll.

Der Wegverlauf

Am Ausgangspunkt sieht man zwei breite Fahrwege. Wir entscheiden uns für den rechten, gehen an einem Baum vorbei und durch ein Gatter. Bei einer Gabelung (Steinmann) folgen wir einem schmäleren Weg nach links. Eine Mauer entlangwandernd, stoßen wir wieder auf ein Viehgatter. Auf der von unten gesehen rechten Talseite geht es angenehm bergan. Es folgen zwei Kehren

Blick auf den Traumstrand Zlanti Rt

28

und ein weiterer Zaun. Der Weg erreicht den Talboden, wo er an Breite etwas einbüßt. In wenigen Serpentinen steigt der Weg auf der rechten Seite bergan, um dann, wieder flacher, den Talboden abermals zu erreichen. Nun schlängelt sich der Weg auf der anderen Talseite in einem schönen Pinienwald in angenehmer Steigung bergauf. Er wird breiter, und das eine oder andere Bäumchen hat auf ihm seine Wurzeln geschlagen. Die Waldverjüngung ist hier anscheinend – im Gegensatz zu unseren alpenländischen Bergwäldern – kein Problem.

Wir kommen an einer mächtigen, zum Teil überhängenden Felswand vorbei, der Wald wird lichter und es bietet sich ein erster schöner Blick hinunter nach **Bol**. Wir erreichen nun die karge Hochfläche der Insel (1:40 Std.), wo dann unser breiter Anstiegsweg abrupt vor einem Zaun endet. Hier geht man einfach links vorbei und folgt den blassen Markierungen eines Pfades. Man wandert nun immer in

leichtem Gehgelände rechts des zum Meer hingewandten Abbruches. Bald sieht man die am Gipfel stehenden Antennen vor sich. Wir gehen geradeaus durch ein weiteres Gatter, stoßen auf eine Teerstraße und folgen dieser durch ein Tor. Dahinter geht es sogleich wieder halblinks ab und ein Mäuerchen entlang bis zum Gipfel **Vidova Gora** (2 Std., 780 m). Lohn der Mühen ist ein sagenhafter Blick auf den unter uns liegenden, berühmten Strand Zlatni Rat und die direkt gegenüberliegende Insel Hvar. Nachdem man sich satt gesehen hat, bietet die rechts des Gipfels gelegene Wirtschaft zudem jede erdenkliche Erfrischung an. Wir steigen auf gleichem Weg zum Ausgangspunkt zurück (3:30 Std.), um sodann ins kühle Wasser zu springen.

29 Auf den Sveti Jure

Über die weiten Hochflächen des Biokovo-Gebirges: Planinarski Dom Vošac – Sveti Jure – Planinarski Dom Vošac

 mittel

 12 km

⏱ 3¾ Std.

↑ 450 m
↓ 450 m

Tourencharakter: Wenig anstrengende Wanderung durch die Karsthügel des Biokovo (bis hierher auch mit Kindern). Der Gipfelanstieg ist steil und mehr oder weniger weglos. Aufgrund der Höhenlage auch im Sommer möglich. Die Markierung ist am Anfang etwas verblichen.
Beste Jahreszeit: Anfang Mai bis Mitte Oktober.
Ausgangs-/Endpunkt: Planinarski Dom Vošac.
Wanderkarte: Keine.
Markierung: Rot/weiß.
Verkehrsanbindung: (Nur mit Pkw)

Kurz hinter Makarska links weg (Schild »Vrgorac«) und hinter dem Dorf Gornji Tučepi wieder links abbiegen (Schild »Sv. Jure – Biokovo«). Man folgt der schmalen Mautstraße in wilden Kehren zur Passhöhe. Dahinter flacher weiter bis zur Gabelung beim Schild »Vošac«; hier links und auf dem Parkplatz bei der Hütte parken (22 km).
Einkehr: Berghütte Planinarski Dom Vošac oder Bergrestaurant Vrata Biokova.
Unterkunft: Makarska.
Tourist-Info: Makarska.

Den Wettstreit, welches Gebirge den höchsten Gipfel Kroatiens besitzt, gewinnt das Dinara-Gebirge: Troglav 1831 m, Kamesnica 1809 m, dicht gefolgt vom 1762 m hohen Sveti Jure. Für diesen Gipfel bieten sich zwei Anstiege an, wobei ich mich hier für den weniger anstrengenden entschieden habe.

Der Wegverlauf

Am Parkplatz vor der Berghütte kurz zurückgehen und links der verblichenen Markierung »Sv. Jure« folgen. Bei einer Weggabelung zuerst rechts, dann links. Auf erst undeutlichem Weg unterhalb eines von Steinmäuerchen umrahmten Feldes vorbeigehen. Dann wird der Weg besser, an der nächsten Gabelung geht man geradeaus. In flacherem Gelände stoßen wir auf den Weg, der von **Makarska** heraufkommt und folgen diesem nach rechts. Nun gut markiert geht es durch ein Buchenwäldchen, man umgeht eine Kuppe und erhascht dahinter einen ersten Gipfelblick.

Einsame Wege zum Sveti Jure

Weiter geht es immer wieder durch kleine Wäldchen und an einer Doline vorbei; steilere und flachere Passagen wechseln sich ab. An einem Wegwei-

Tipp

Vom Ausgangspunkt ist es nur ein Katzensprung zum Aussichtspunkt unterhalb des **Vošac**. Einfach dem Schild »Panorama« auf breitem Weg folgen. Von hier hat man eine sagenhafte Aussicht auf die 1400 m tiefer gelegene Küste. Ist die Bergsteigerhütte **Planinarski Dom Vošac** nicht bewirtschaftet, fährt man zum Einkehren zum Bergrestaurant Vrata Biokova zurück. Der Wirt organisiert übrigens Reitausflüge in die Gebirgswelt des Biokovo.

ser mit alten Holzschildern zweigen wir nach rechts ab (1:10 Std.). Wir steigen zunächst auf einen Rücken, dann einen Hang an dessen linker Seite bergan. (Mit kleineren Kindern bietet sich dessen höchster Punkt als Ziel an. Auch von hier hat man tolle Blicke auf das Meer.) Zu einem kleinen Sattel hinunter, danach immer wieder auf und ab. Über einen Felsrücken wandert man in ein Wäldchen und achtet auf die Markierung bei den anschließenden Felsblöcken, die wir rechts von uns lassen. Wir stoßen auf die Teerstraße und gehen darauf rechts bis zu einer Schranke in der Nähe einer Schutzhütte. Dort zweigt links ein kleiner Weg ab, der vom Gipfel weg mit einem Seil gesichert ist. Trotzdem geht man lieber die kleinen Serpentinen aus. Nach dem etwas anstrengenden Gipfelanstieg stößt man oben auf einen flachen Weg und folgt diesem rechts zur nahen Gipfelkapelle (2:15 Std., 1762 m). Der Abstieg erfolgt auf gleichem Weg (3:45 Std.).

Variante: Wem der beschriebene Aufstieg zum **Sv. Jure** zu kurz ist, der kann natürlich auch von der Küste aus aufsteigen. Der Weg beginnt mit seiner Markierung am Bergdorf **Makar** (oberhalb von **Makarska**). Der Anstieg ist allerdings sehr anspruchsvoll, da man für die einfache Strecke ungefähr fünf Stunden veranschlagen muss; Höhendifferenz 1550 m.

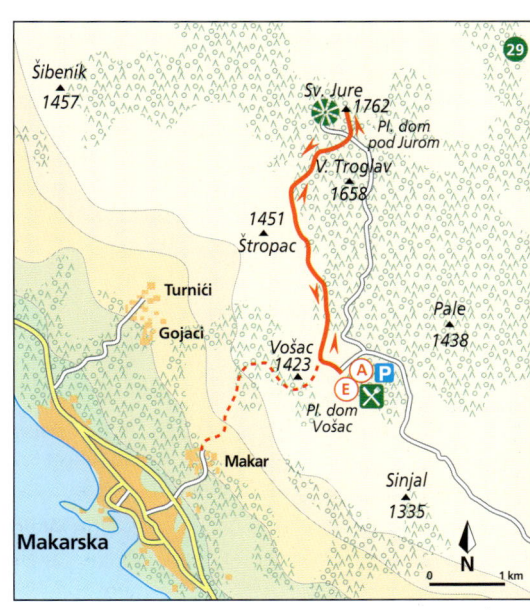

30 Auf dem Premužićeva Staza

Weitwanderung im Velebit-Gebirge: Oltari – Rossijevo Sklonište – Veliki Alan – Mlinište – Radlovac – Baške Oštarije

 anspr.

 70 km

3-4 Tage

Tourencharakter: Lange Gebirgsdurchquerung auf markiertem Weg, wobei die zweite Hälfte Veliki Alan – Baške Oštarije weit weniger häufig begangen wird und der Weg entsprechend schlechter markiert und zum Teil verfallen ist. Hinzu kommt ein relativ schwerer Rucksack (Isomatte, Schlafsack, evtl. Zelt, Essen und Trinken für 3–4 Tage).
Beste Jahreszeit: Anfang Mai bis Ende Oktober.
Ausgangspunkt: Oltari.
Endpunkt: Baške Oštarije.

Wanderkarte: Planinarska Karta »Velebit«, SMAND Verlag, Vidovec.
Markierung: Rot/weiß.
Verkehrsanbindung: Nach Oltari siehe Wanderung 18. Von Baške Oštarije zur Küstenstraße mit öffentlichem Bus Gospić– Karlobag (mehrmals täglich).
Einkehr: Berghütte Veliki Alan, nur an (Ferien-)Wochenenden bewirtschaftet; Hotel/Restaurant Velebno in Baške Oštarije.
Unterkunft: Veliki Alan, Baške Oštarije und freies Biwakieren.
Tourist-Info: Keine.

Passionierte Weitwanderer dürfen sich den Höhenweg Premužićeva Staza nicht entgehen lassen. Einziges Manko ist die eher spärliche Verteilung von Berghütten und der im zweiten Teil etwas vernachlässigte Weg.

Der Wegverlauf

Der **Premužićeva Staza** – verläuft entlang des **Velebit-Hauptkammes** von Nordwesten nach Südosten, immer einige Kilometer westlich der breiten Forststraße, welche **Oltari** mit **Baške Oštarije** verbindet. Das erste Drittel der Wanderung erfolgt auf dem gleichen Weg wie Wanderung 18 und zum Teil Wanderung 19 (siehe dort). Bei guter Kondition kann man vom Dorf **Oltari** bis zur Berghütte **Veliki Alan** auch an einem Tag gehen (8:30 Std.). Von dort geht es auf nun schlechterem Weg weiter geradeaus, immer Richtung Süden, wobei im ersten Teil die Gipfel Beli Kuk (1451 m) und Visibača (1448 m) rechts, der 1622 m hohe Zečjak links liegen gelassen werden. Etwa 2 Kilometer westlich des Berges Ogradenik gabelt sich der markierte Weg; hier geht man nicht links weg, sondern folgt weiter dem **Premužićeva Staza**, wobei man nach etwa 3 weiteren Kilometern die Möglichkeit hat, über einen Abstecher (markiert) links den Gipfel des **Šatorina** (1624 m) mitzunehmen. Zuvor jedoch kommt der Weg am ca. 500 m westlich gelegenen Weiler **Mlinište** vorbei. Im weiteren Verlauf passiert man den

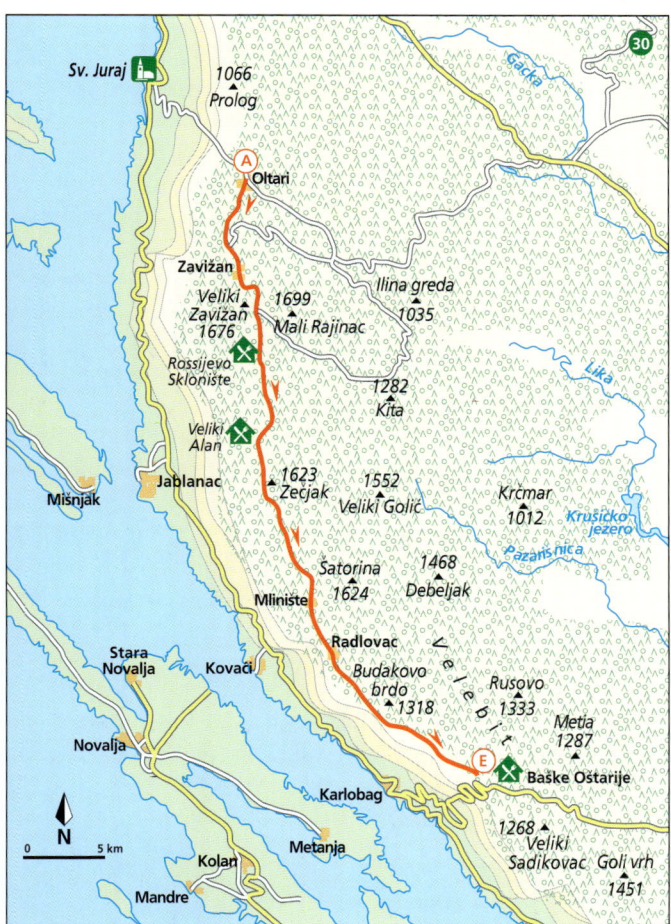

alten Weiler **Radlovac**. Aufgrund der Tatsache, dass sich der Weg nun in etwa an der Grenze von dichtem Buchenwald und karger Westabdachung des Gebirges verläuft, öffnen sich immer wieder schöne Blicke hinunter zum Meer. Im letzten Abschnitt lässt der **Premužićeva Staza** die Gipfel des **Budakova Brdo** (1318 m) und des **Bačić Kuk** (1304 m) links liegen. Schließlich kreuzt der Weg eine breite Fahrstraße und mündet nach ca. 5 km in einen weiteren Fahrweg, über den man den Endpunkt **Baške Oštarije** erreicht.

ANREISE

Mit dem Auto: über die Salzburger und die Tauern-Autobahn nach Villach. Durch den Karawankentunnel weiter über Ljubljana bis zur Autobahnausfahrt Postojna. Von hier auf der Landstraße nach Rijeka (im Idealfall ca. 7 Std.; für die Maut insgesamt ca. 25 €). Von hier führt die Küstenstraße »Jadranska magistrala« bis nach Dubrovnik bzw. die Küstenstraße Nr. 21 nach Istrien.

Mit der Bahn: Nach Zagreb tägliche Verbindung mit EC »Mimara« ab Berlin über München. Von Zagreb aus sind an der Adria nur Split, Zadar und Šibenik mit der Bahn zu erreichen. Außerdem gibt es den Nachtzug München – Rijeka. Von dort gute Fährverbindungen zu den meisten Küstenorten. Von Wien aus fährt der IC »Kroatia« über Maribor nach Zagreb.

Mit dem Flugzeug: Die landeseigene Fluggesellschaft Croatia Airlines bietet Direktflüge von Frankfurt, München, Zürich und Wien nach Kroatien an. Informationen bei: Croatia Airlines, Klingerstr. 25, 60313 Frankfurt, Tel. 069/92 00 52 16, Fax 92 00 52. Internationale Flughäfen sind in Zagreb, Split, Dubrovnik, Rijeka, Zadar, Pula und Osijek.

Mit der Fähre: Nachtfähre von Rijeka nach Split oder Dubrovnik (Fahrzeit: max. 21 Std.). Alternativ kann man die Küstenstädte Zadar, Split und Dubrovnik auch von Ancona erreichen (von der Schweiz aus günstiger). Den Fahrplan »Jadrolinija Sommer 2002« und weitere Informationen bei: Jadrolinija, Riva 16, 51000 Rijeka, Tel. 051/66 61 11 oder 051/66 61 00, Hafenbüro 051/21 14 44, Internet www.tel.hr/jadrolinija.

Autofähren verbinden fast alle Inseln.

BADEN

Die Gewässer an und vor der kroatischen Küste gelten zu Recht als mit die saubersten im gesamten Mittelmeer (mit Ausnahme der Bucht von Rijeka). In Süddalmatien werden Wassertemperaturen von 20 °C schon im Mai erreicht, im Norden etwas später. Die maximalen Werte liegen um 26 °C.

BOTSCHAFTEN

Botschaft der Bundesrepublik Deutschland, Ulica grada Vukovar 64, 1000 Zagreb, Tel. 01/6 15 81 05, Fax 01/6 15 81 03.

Botschaft der Republik Österreich, Jabukovac 39, 10000 Zagreb, Tel. 01/4 83 44 57, Fax 01/4 83 44 61.

Botschaft der Schweizerischen Föderation, Bogovićeva 3, 10000 Zagreb, Tel. 01/4 81 08 91, Fax 01/4 81 08 90.

Das »Goldene Horn« – schönster Strand Kroatiens

CAMPING

Sowohl Istrien als auch die Kvarner Region und ihre Inseln besitzen unzählige (oft sehr große) Autocamps (= Campingplätze). Im Süden ist das Angebot etwas spärlicher, dafür gibt es dort viele kleine Privatplätze. Einige Campingplätze sind extra für FKK vorgesehen. Die meisten sind von Anfang Mai bis Ende September geöffnet. In der Hochsaison ist eine Vorreservierung ratsam. In der jährlich neu herausgegebenen Broschüre »Kroatien Camping« sind die meisten Plätze enthalten, erhältlich bei der Kroatischen Zentrale für Tourismus (→ **Informationsstellen**). Die Preise liegen je nach Platz und Saison pro Person zwischen 3 und 6 €, pro Zelt zwischen 2 und 4 € und Wohnwagen 4 und 11 € (pro Tag). Weitere Informationen beim Kroatischen Campingplatzver-

band, Pionirska 1, 52440 Poreč, Tel. 052/45 12 92, Fax 052/45 12 79.

Nirgendwo sonst am Mittelmeer gibt es so viele FKK-Campingplätze und FKK-Feriensiedlungen wie an der kroatischen Adria. Ein FKK-Gesamtverzeichnis erhält man gratis bei der Kroatischen Zentrale für Tourismus (→ **Informationsstellen**). Diese Tradition darf nicht zu dem falschen

Zeltplätze in Hülle und Fülle Schluss führen, dass man an jedem Strand alle Hüllen fallen lassen kann.

DELFINFORSCHUNG

Auf der Insel Lošinj führt die (nicht kommerzielle) »Whale and Dolphin Conservation Society« (WDCS) Delfinforschungskurse durch. Der 12-tägige Kurs kostet um die 600 €, inklusive Essen und einfacher Unterkunft. Informationen darüber gibt es bei: WDSC Deutschland, Goerdelerstr. 41, 82008 Unterhaching, Tel. 089/61 00 23 93, E-Mail cjana@wdcs.org.

FEIERTAGE

1. und 6. Januar, Ostern, 1. und 30. Mai (Staatsfeiertag), 22. Juni (Tag des antifaschistischen Kampfes), 5. und 15. August, 1. November, 25. und 26. Dezember.

FESTE/VERANSTALTUNGEN

Fest des Hl. Blasius am 3. Februar. Festspiele und Prozessionen zu Ehren des Stadtheiligen in Dubrovnik.

Karneval in Rijeka: 10 Tage lang wird der größte kroatische Karneval gefeiert. Höhepunkt ist der Sonntagsumzug, an dem über hundert Faschingsgruppen teilnehmen.

Karwoche in Korčula: Von Palmsonntag bis Ostern finden täglich Zeremonien und Prozessionen in traditionellen Trachten statt, wobei mittelalterliche Lieder gesungen und biblische Ereignisse nachgestellt werden. Diese Feierlichkeiten erreichen am Karfreitag ihren Höhepunkt.

Klapa-Festival in Omiš: Fast den gesamten Juli treten Klapa Chöre aus ganz Dalmatien an, um unter sich die beste Sängergruppe zu ermitteln. Klapa ist ein traditioneller, mehrstimmiger Gruppengesang.

Spliter Sommer: Mitte Juli bis Mitte August; Opern, Theater, Ballette und Konzerte im Diokletianpalast.

Dubrovniker Sommerfestival: Theater, Musik und Folklore an verschiedenen Orten der Altstadt, von Mitte Juli bis Ende August. Programm und Karten: Pljana Paska, Milićevića 1, E-Mail programm@dubrovnik-festival.hr.

Moreška: Am 29. Juli, dem Tag des Heiligen Theodor, findet in Korčula das Ritterspiel Moreška statt. Es stammt ursprünglich aus Spanien aus der Zeit Reconquista (der Rückeroberung Granadas durch die Christen) und hat sich aufgrund der ständigen Bedrohung Süddalmatiens durch die Türken hier gehalten.

Sommerkarneval: Unbeeindruckt von den üblichen Gepflogenheiten findet am letzten Tag im Monat Juli der Pager Karneval statt. Beim traditionellen Kolo-Tanz kann man die prachtvollen Gewänder der Inselbewohner bewundern. Auf dem Hauptplatz wird außerdem das Volksstück »Paška Robinja« (»Das Sklavenmädchen von Pag«) aufgeführt.

Das römische Peristyl

Weitere interessante Termine im Veranstaltungskalender »Von Tag zu Tag: Kvarner-Info 2001«. In der Region gibt es u.a. ein Kastanienfest bei Dobreč, Oliventage auf Krk und Pilzausflüge im Nationalpark Risnjak. Auf der Homepage der Croatian Tourist Information (→ **Internet**) kann man darüber hinaus einen ausführlichen Veranstaltungskalender herunterladen.

GELD

Offizielles Zahlungsmittel ist die Kroatische Kuna (Kn). Sie wird in Banknoten von 5 bis 1000 Kn ausgegeben. Die Kuna wird weiter in 100 Lipa (Münzen) unterteilt.

Der Wechselkurs betrug im Herbst 2001 für 100 Kn 10 € (Ankauf) bzw. 15 € (Verkauf). Die Banken sind in größeren Städten von 7–19 Uhr, samstags bis 13 Uhr geöffnet. In kleineren Städten zumeist von 8–12 und von 15–19 Uhr. Manche Banken verfügen über Geldautomaten. In Restaurants und Geschäften werden meistens Kreditkarten (aber keine EC-Karten oder Schecks) akzeptiert.

GESUNDHEIT

Für Kroatien sind keine Impfungen notwendig. Das Leitungswasser hat Trinkwasserqualität. Beim Baden ist ausreichender Sonnenschutz und eventuell Schutz vor Seeigeln (Badeschlappen) zu empfehlen. In Notfällen werden Ausländer kostenlos ärztlich versorgt. Gesundheitstipps zu den Wanderungen finden Sie in der Einleitung.

Löwe an der Kathedrale von Šibenik

HAUSTIERE

Für die Einreise nach Kroatien und die Durchreise durch Slowenien benötigt man einen gültigen internationalen Impfpass.

HEILBÄDER

Sowohl im Landesinneren als auch an der Küste gibt es eine Vielzahl an traditionsreichen Heilbädern und Kurorten. In der Broschüre »In Kroatien neue Kraft tanken und gesund werden« sind die wichtigsten

Orte ausführlich vorgestellt und in einer alphabetischen Über-
sicht die jeweiligen Indikationen (von Allergie bis Progressiver
Muskeldystrophie) zusammengestellt. Gratis bei der kroatischen
Tourismuszentrale (→ **Informationsstellen**).

INFORMATIONSTELLEN

Touristische Informationen kann man im deutschsprachigen
Raum an folgenden kroatischen Tourismuszentralen erhalten:
Deutschland: Kroatische Zentrale für Tourismus, Kaiserstr. 18,
60311 Frankfurt, Tel. 069/25 20 45, Fax 069/25 20 54, Kontakt:
Zlatko Dezeliin, E-Mail KZFT@gmx.de.

*Das Eingangs-
tor in die
Altstadt von
Rovinj*

Kroatische Zentrale für Tourismus, Rumfordstr. 7, 80469 München, Tel. 089/22 33 44, Fax 089/22 33 77, Kontakt: Miljenko Babic, E-Mail 089223344-0001@t-online.de.

Österreich: Kroatische Zentrale für Tourismus, Operngasse 5, 1010 Wien, Tel. 01/585 38 84, Fax 01/585 38 84 20, Kontakt: Zeljko Toncinic, E-Mail office@kroatien.at.

In der **Schweiz** gibt es noch keine Vertretung.

In **Kroatien** befindet sich die Zentrale in Zagreb: Kroatische Zentrale für Tourismus, Iblerov trg 10/IV, 10000 Zagreb, Tel. 01/4 55 64 55, Fax 01/4 55 78 27, Internet www.htz.hr, E-Mail info@htz.hr.

Weitere wichtige Fremdenverkehrsämter gibt es in:

20000 Dubrovnik, Cvijete Zuzorić 1/I, Tel. 020/41 33 01, Fax 020/41 37 45, E-Mail tzzd-ner@du.tel.hr.

52440 Poreč, Pionirska 1, Tel. 052/42 57 97, Fax 052/45 27 96, E-Mail tzzi-po@pi.tel.hr.

51410 Opatija, N.Tesle 2, Tel. 051/27 29 88, Fax 051/27 29 09, E-Mail tzzpg-opatija@ri.tel.hr.

21000 Split, Prilaz braće Kaliterna 10, Tel./Fax 021/36 25 61, E-Mail tzzup-st-dalm@st.tel.hr.

In den jeweiligen Regionen und Orten sind die offiziellen Touristenbüros an der Bezeichnung TZ (Turistička Zajednica) zu erkennen. Daneben gibt es eine Menge privater (kommerzieller) Tourismusbüros.

INTERNET

www.htz.hr (Deutsch/Kroatisch/Englisch) Offizielle Homepage der Croatian Tourist Information. Großes Informationsspektrum von Veranstaltungen und der Landesküche bis hin zu Wettermeldungen und Unterkunftsmöglichkeiten.

www.wetteronline.de/Kroatien.htm Übersichtliche Wettervorhersage mit Trends von bis zu 4 Tagen in 20 Städten.

www.tel.hr/dhmz (Englisch/Kroatisch) Ausführlichere Wetterseite der kroatischen Meteorologen u. a. mit Seewetterbericht.

www.kroatien-links.de (Deutsch) Karten, Stadtpläne und Wasserwerte zu Kroatien sowie interessante Links zu Webcams und (lokalen) Radiosendern.

www.ferien-in-kroatien.de (Deutsch) Infos zu Urlaub, Unterkunft und Wissenswertem rund um die Insel Pag. Zudem gute In-

formationen zur kroatischen Geschichte und interessante Link-Liste.

Traumblick auf Rovinj

www.inselhuepfen.de (Deutsch) Auf der Seite des gleichnamigen Reiseveranstalters findet man Wander- und Radreisen an der dalmatischen Küste und den Inseln.

www.tel.hr/jadrolinija (Englisch/Kroatisch) Aktueller Fahrplan der größten kroatischen Fährgesellschaft.

www.diving.hr (Kroatisch/Englisch/Deutsch/Italienisch) Informationen rund um das Abtauchen in kroatische Gewässer.

www.istra.com/zupan/eng/bike.html (Englisch) Für Mountainbiker einschlägige Wegbeschreibungen mit Angabe der jeweiligen Zeit, Kilometer und Höhenmeter sowie Übersichtskarten für Istrien.

JUGENDHERBERGEN

Jugendherbergen gibt es in Dubrovnik, Pula, Šibenik, Zadar und Zagreb. Informationen zu den Betrieben enthält das Internationale Jugendherbergsverzeichnis. Zu beziehen bei:

Deutsches Jugendherbergswerk, Bismarkstr. 8, 32756 Detmold, Tel. 05231/7 40 10.

Selbstversor-gerhütte am Gipfel des Zavižan

KLETTERN

In Kroatien findet man eine Menge lohnender Klettergebiete, von denen die meisten näher liegen als das berühmte Paklenica (s. u.). Eine gute Zusammenstellung findet man im viersprachigen »Kletterführer Kroatien« von Boris Čujič (Karolina Verlag, Zagreb 2000). Die Paklenica-Schlucht ist das größte Klettergebiet in Kroatien. Hier gibt es alles von der kurzen, gut abgesicherten Sportkletterroute bis zur 14-Seillängen-Alpintour. Im dreisprachigen »Kletterführer Paklenica« (Sidarta Verlag, Lublijana 1997, ebenfalls von Boris Čujič) sind die wichtigsten Gebiete aufgeführt. Bei der Nationalparkverwaltung ist außerdem ein nagelneuer, noch ausführlicherer Führer erhältlich.

KRIMINALITÄT

Sowohl was den Taschendiebstahl als auch Autoeinbrüche angeht, muss man sich in Kroatien überhaupt keine Sorgen machen. Nach einer durch den Krieg bedingten Durststrecke möchte man die nun wiederkehrenden Touristen keinesfalls durch diesbezügliche Negativschlagzeilen verschrecken.

MEHRWERTSTEUER

Die hohe Mehrwertsteuer von 22 % kann man sich bei der Ausfuhr von Waren im Wert von über 500 Kn zurückerstatten lassen. Dazu muss man sich den Kauf mit einem ETS-Formular (Europe Tax Cheque) bestätigen lassen, das dann an der Grenze abgestempelt wird.

MOBILFUNK

Die beiden kroatischen Mobiltelefonnetze CRONET und VIPNET haben mit deutschen und österreichischen Betreibern Roaming-Abkommen abgeschlossen.

NATIONALPARKS

Informationsmaterial zu den acht Nationalparks und zahlreichen Naturparks bei der kroatischen National- und Naturparkbehörde: Hravtski Nacionalni Parkovi i Parkovi Prirode, Trg krajla Tomislav 19, 10000 Zagreb, Tel. 01/4 92 22 74, Fax 01/4 92 22 70 sowie in den jeweiligen Nationalparkverwaltungen.

Nationalparks bieten gutes Informationsmaterial.

ÖFFENTLICHE VERKEHRSMITTEL

Bus: Kroatien verfügt über ein dichtes und preisgünstiges Busnetz. Für die weite Strecken bedienenden Express-Busse ist es ratsam, sich frühzeitig einen Sitzplatz zu reservieren. Hier wird für das Gepäck 5 Kn berechnet (inkl. Versicherung). Regionale Busse verkehren oft stündlich. Nachtbusse sind zwar praktisch, aber meist recht laut.

Zug: Von Zagreb aus sind die Küstenstädte Rijeka, Pula, Zadar, Šibenik und Split mit der Bahn zu erreichen. Entlang der Küste existiert keine Bahnlinie. Dementsprechend eignet sich dieses Verkehrsmittel eher für die → **Anreise**. Dafür ist das Zugfahren in Kroatien die mit Abstand billigste Art sich weiterzubewegen.

Fähren: Die staatliche Fährgesellschaft Jadrolinija unterhält Verbindungen vom Festland zu den größeren Inseln. Für diese lokalen »Trajets« (Autofähren) gibt es keine Vorreservierungen. In der Hochsaison kann es zu längeren Wartezeiten kommen. Die Preise und Verbindungen sind im Gesamtverzeichnis »Jadrolinija Ljeto 2002« zusammengestellt. Dieses und weitere Informationen sind erhältlich bei: Jadrolinija, Riva 16, 51000 Rijeka, Tel. 051/66 61 11, Hafenbüro 051/21 14 44, Internet www.jadro-

Der malerische Hafen von Cres

linija.tel.hr/jadrolinija, E-Mail passenger-dept@jadrolinija.tel.hr und den örtlichen Hafenbüros.

ÖFFNUNGSZEITEN

Die Geschäfte sind meistens von 8–20 Uhr geöffnet, am Samstag bis 14 Uhr. Kleinere Läden haben oft Mittagspause von 12–16 Uhr. In den Touristenorten haben viele Läden auch sonntags offen. Die Tourismusämter sind in der Hochsaison meist Mo–Sa 7–21 Uhr geöffnet, Märkte haben normalerweise bis 14 Uhr offen, Fischmärkte eher bis 12 Uhr. Museen sind montags meist geschlossen.

POST

Für Postkarten ins europäische Ausland beträgt das Porto 3,5 Kn, für Briefe 7,2 Kn. Briefmarken erhält man normalerweise auch bei den Verkaufsständen von Postkarten. Das Länderkürzel für Kroatien ist »HR«. Postlagernde Sendungen (»Poste Restante«) können gegen Vorlage eines Ausweises und eine geringe Bearbeitungsgebühr abgeholt werden. Die Postämter sind von 7–19 Uhr offen, samstags bis 13 Uhr.

RAFTING/KAJAK

Im Hinterland von Zadar bietet die Agentur Interalfa (Matice dalmatinske 6, 23000 Zadar, E-Mail interalfa@zd.tel.hr) ein- bis zweitägige Raftingtouren durch die Zrmanja-Schlucht an. Auf den Flüssen Dobra und Cetina gibt es organisierte Rafting-Touren. Kajakfahrten werden auf den Wildflüssen Kupa, Korana, Mreznica, Cetina und Una angeboten.

RADFAHREN/MOUNTAINBIKE

Gute Routenvorschläge in den kostenlosen Broschüren »Istra Bike« und »Bike Poreč« vom Istrischen Fremdenverkehrsamt (→ **Informationsstellen**) und den örtlichen Touristenbüros. Darüber hinaus findet man im → **Internet** weitere Touren. Organisierte Radreisen (z. B. »Radlfrühling in Istrien« oder »Inselhüpfen mit dem Fahrrad«) führen die deutschen Veranstalter I.D. Riva Tours, Neuhauser Str. 27, 80331 München, Tel. 089/2 31 10 00, Fax 089/12 11 00 22, E-Mail radreisen@idriva.de; sowie Radurlaub Zeitreisen, Mainaustr. 34, 78464 Konstanz, Tel. 07531/69 01 60 durch.

REISEDOKUMENTE

Bürger der Europäischen Union und der Schweiz benötigen für Kroatien und die Durchreise durch Slowenien einen gültigen Reisepass oder Personalausweis.

RESTAURANTS

Beli
Bife Beli Nette, direkt am Ortsanfang gelegene Konoba. Einfache Kost und gutes Bier. Unbedingt den Pager Käse mit Oliven probieren!

Biokovo-Gebirge
Vrata Biokovo Direkt an der Mautstraße ins Biokovo-Gebirge. Einfache Speisen mit eindrucksvoller Aussicht auf die Adria. Dazu guter Wein und selbstgemachter Kräuterschnaps. Während der Saison täglich geöffnet.

Buzet
Konoba Tokliara Sovinjsko Polje 11. Bilderbuchkonoba südwestlich von Buzet. Trotz rustikalem Eindruck der alten Ölmühle gehobene Preise. Die Wild- und Trüffelgerichte sind es jedoch wert. Reservierung empfehlenswert.

Dubrovnik
Jadran Im Innenhof des Klosters St. Klara gibt es Meeresfrüchte und vegetarische Gerichte.
Ragusa 2 Zamanjina 12. Seit 1929 klassische dalmatische Gerichte.

Hum
Humska Konoba, Hum 2. Rustikaler Gasthof, in dem – wie in den istrischen Bergen üblich – Trüffelgerichte einen großen Platz einnehmen. Nach dem Essen trinkt man den istrischen Mistelschnaps Biska.

Lošinj
Konoba Balvanida vl. Vidas Ljiljana. Einsam gelegenes Landgasthaus von Wanderung 13. Gute Fischgerichte und leckerer Käse. Sehr netter Wirt.

Omiš
Radmanove Milnice Unweit von Omiš, direkt an der Cetina gelegen, in einer alten Mühle. Abgesehen von den üblichen dalmatischen Spezialitäten werden hier fangfrische Forellen angeboten.

Poreč
Vrata Grada, Decumanus 1. Gute Altstadt-Pizzeria in altem Festungsturm mit schöner Aussicht auf verwinkelte Gassen.
Istra, B. Milanovića 30. Hausgemachte Fuži (Maultaschen) und der gemischte Vorspeisenteller mit Meeresfrüchten sind die Bestseller.

Poklon-Pass
Pansion-Restaurant Učka Vela Učka bb, 51414 Ičići. Gute Fleischgerichte zu angemessenen Preisen auf schöner Aussichtsterrasse.

Pula
Delfin Kandlerova 17. Nettes Terrassenlokal mit guter istrischer Küche, angemessene Preise.
Varaždin Istarska 30. Unweit des Amphitheaters, Schwerpunkt auf istrischen Fleischspeisen wie z. B. Grillgerichten, geräucherten Schinken oder Gulasch.

Rovinj
Veli Jože Sv. Križa 1. Urige, in der Altstadt gelegene Konoba mit

Schwerpunkt auf Fischspezialitäten wie Fischsuppe, gegrilltem Tintenfisch oder Sardellen.
Kantinon Obala Alzo Rismondo 18. Günstige gegrillte Fischgerichte, auch bei Einheimischen beliebt.

Split
Sarajevo Domaldova 6 (nördlich des Narodni Trg). Traditionelle dalmatische Speisen im angeblich ältesten Restaurant der Stadt.
Šumica Put Firula 6. Restaurant auf einer Klippe, serviert sehr gute Fischgerichte.
Cafe Luxor Direkt am Peristyl. Zentraler Treffpunkt im Herzen des Diokletianpalastes.

Stara Baška
Grill Felix Direkt über dem Badestrand. Gute und preiswerte Fischgerichte wie z. B. die sehr empfehlenswerten Calamares; originelle Bedienung.

Vidova Gora
Konoba Vladimir Nazor »Gipfel-Konoba«, Mai–Oktober. Super Lammgerichte mit Panoramablick auf das Goldene Horn und die Insel Hvar.

Vrbnik
Konoba Nada Am Kirchplatz gelegene Konoba mit urigem Gewölbekeller. Hier gibt es hausgemachten Käse und Schinken sowie den hervorragenden Wein »Žlatina«, der nur in einer Polje nahe von Vrbnik wächst.

SEGELN UND SURFEN

Informationen zu Einfuhrbedingungen von Booten etc. gibt es beim Kroatischen Verband für Wassersport; Matije Gupca 21, 51000 Rijeka: Tel. 051/21 21 96. Ausstattung, Preis usw. der Segelhäfen sind in der kostenlosen Broschüre »Marinas« zusammengestellt. Auf Istrien ist vor allem das an der Südspitze gelegene Premantura bei Surfern beliebt. Infos gibt es bei »Camp Stupice« Tel. 052/57 51 11.

STRASSEN UND VERKEHR

Dokumente: Für die Einreise werden Führer-, Fahrzeugschein und die grüne Versicherungskarte benötigt. Geschwindigkeitsbegrenzungen: Innerhalb geschlossener Ortschaften 50 km/h, auf Landstraßen 80 km/h, Fernstraßen 100 km/h und auf Autobahnen 130 km/h. Der Grenzwert für Alkoholgehalt im Blut beträgt 0,5 Promille. Tankstellen sind von 7–19 oder 20 Uhr, im Sommer bis 22 Uhr geöffnet. Parkplätze (zumeist kostenpflichtig) sind oft rar. Mautpflichtig sind die Autobahnen, die Brücke nach Krk und der Učka-Tunnel. Der Straßenzustand ist sehr unterschiedlich – mal neu, mal uralt. Die Küstenstraße ist sehr kurvenreich.

TAUCHEN

Die lohnendsten Tauchgebiete liegen an den Felsküsten der Inseln Brač und Šolta, auf dem Šibenik-Archipel und der Westküste von Dugi Otok. Fürs Gerätetauchen erhält man nach Vorlage der Tauchqualifikation einen Jahresausweis für ca. 15 €. Infos beim Kroatischen Tauchverband, Dalmatinska 12, 10000 Zagreb, Tel. 01/4 84 87 65, E-Mail hrscdf@zg.tel.hr.

Weitere Veranstalter:
Auf Rab: »Rab Eko Tourist« Kampor, 51280 Rab, Tel./Fax 051/77 62 72.
Dugi Otok: »Diverclub Božana« 23286 Božana, Tel. 023/37 76 84, www.bozana.de (deutsche Leitung).

TELEFON

Am günstigsten mit Telefonkarte, die in allen Postämtern und den meisten Kiosken erhältlich ist. Die Vorwahlen: Deutschland 0049, Österreich 0043 und Schweiz 0041. Für Kroatien ist es 00385. Gespräche von Hotels aus sind wesentlich teurer. **Wichtige Nummern:** Polizei 92, Feuerwehr 93, Notruf 94, Pannenhilfe 987, Verkehrslageninfo 0800/20 02 00.

An der Süd-seite von Brač

TRINKGELD

Trinkgeld ist nicht in der Rechnung inbegriffen, deshalb gibt man üblicherweise 10 % des Betrages als Dankeschön.

UNTERKUNFT

In den meisten Urlaubsorten gibt es ein breites Angebot an Privatzimmern (Kroatisch: Sobe), die mit Zimmerpreisen von 15–25 € deutlich unter denen der Hotels liegen. Man wende sich an das örtliche Touristenbüro oder direkt an den Vermieter.
Hotels werden in Kroatien entweder in Kategorien von L (Luxus) und A,B,C bis D eingeteilt, oder es werden ihnen die üblichen Sterne (1–5) zugeordnet.

Baška
Hotel Corinthia B-Kategorie, Tel. 051/
65 61 11. Bestes Hotel der westlich
von Baska gelegenen Hotelanlagen.
Hier auch Reservierungen für die günstigeren Hotels **Zvonimir** und **Adria**.

Baške Oštarije
Hotel Velebno 53206 Brušane. Tel.
053/67 40 01, Mobil 099/41 51 87.
Einziges Hotel an der Verbindungs-
straße Karlobag – Gospić.

Beli
Camping Brajdi na moru Tel. 051/
84 05 22. Sehr schöner Platz in einer
Bucht unterhalb des Ortes. Geöffnet
April–September.

Bol
Kaštil ✿✿✿ 21420 Bol, Tel. 021/63 59
96, Fax 021/63 59 97. Kleines Hotel in
altem Gemäuer. Nettes, eigenes Terras-
senrestaurant direkt im alten Ortsteil.

Crni Lug
Hotel der Nationalparkverwaltung
51317 Crni Lug – Gorski Kotar, Tel.
051/83 61 33, Fax 051/83 61 16, E-
Mail np-risnjak@ri.tel.hr. Direkt am
Parkeingang mit etwas sozialistischem
Flair. Dafür aber gutes Essen und nette
Bewirtung.

Cres
Hotel Cres Riva Creskih Kapetana 10,
Tel./Fax 051/57 15 35. Direkt am
Meer. Einfache Zimmer, z. T. mit Aus-
sicht auf den Hafen.

Dubrovnik
Hotel Zagreb Šetalište kralja Zvoni-
mira 27 (Ortsteil Lapad), Tel. 020/
43 61 46, Fax 020/43 60 06. In altem
Palazzo mit schöner Gartenanlage.
Nur im Sommerhalbjahr geöffnet.

Jablanac
Planinarski Dom »Miroslav Hirtz« Tel.
042/23 17 64. Unterkunft des kroatischen Bergsteigerverbandes HPD direkt über dem Meer.

Lovran
Bristol Belvedere B-Kategorie, Tel.
051/29 10 22, Fax 051/29 11 18. Die
günstigere Alternative zum Luxushotel
Exelsior.

Makarska
Hotel Biokovo Tel. 021/61 52 44, Fax
021/61 50 81. In der Tomislava Straße
direkt an der Promenade des Orts.
Hotel Makarska, Potok 17, Tel./Fax
021/61 66 22. Netter Familienbetrieb
inmitten der Stadt.

Opatija
Hotel Paris Nozorova bb, Tel. 051/
27 19 11, Fax 051/71 18 23. Von den
vielen noblen Hotels Opatijas einer
der günstigeren Betriebe.
Villa Vranješ Antuna Mikića,
Tel. 051/71 15 40, Fax 051/27 21 30.
Einfacheres, oberhalb des Zentrums
gelegenes Hotel mit eigenem
Schwimmbad und Tennisplatz.

Pag
Hotel Biser ✿✿✿, A.G. Matoša, Tel.
023/61 13 33, Fax 023/61 14 44. Kleines Hotel südwestlich der Altstadt, direkt am Meer.

Platak
Planinarski Dom »Sušak« Tel. 051/
23 09 16 oder 091/5 09 27 34. Einfache Bergsteigerunterkunft des kroatischen Wandervereins mit nettem Wirt.

Plitvicer Seen
Hotel Bellevue Velika Poljana (Eingang 2), Tel. 053/75 17 00, Fax 053/
75 19 65. Rustikal eingerichtete Zimmer oberhalb des Kozjak-Sees.
Campingplatz Korana, Tel. 053/75 10.
15,3 km nördlich des Haupteingangs
direkt an der Hauptstraße Richtung
Zagreb. Großes, aber gut angelegtes
Campingareal, Mai–Oktober.

Poklon-Pass
Pansion – Restaurant Učka Vela Učka
bb, 51414 Ičići, Tel. 051/29 90 82.
Ganzjährig geöffnetes Gästehaus mit
sehr aussichtsreicher Terrasse und nettem Wirt.

Poreč
Jadran Obala M. Tita, Tel. 052/43 12
36. Am westlichen Ende der Altstadt-
halbinsel gelegen, vergleichsweise
günstig und traditionsreich.

Rovinj
Adriatic ✿✿✿, P. Budicina bb, Tel:
052/81 50 88, Fax 052/81 35 73. Zentral
gelegenes Hotel mit großen Zimmern,
z. T. mit Meeresblick. Relativ günstig.
Hotel Rovinj Svetoga Kriča,
Tel. 052/81 12 88. Ebenfalls mit Meeresblick und ähnlichem Preisniveau.

Skrad
Hotel Zeleni Vir Gorski Kotar, Ivana Ribara 1. Tel. 051/81 06 35, Fax 051/ 81 06 65. Gleiche Eigentümer wie das unweit der Teufelsklamm gelegene Planinarski Dom. Dort kann man sich über die Öffnungszeiten der Bergsteigerunterkunft erkundigen.

Šibenik
Jadran Obala oslobodenija 52, Tel. 022/21 26 44, Fax 022/21 24 80. Das einzige Hotel in der Stadt. Zwar kein eigenes Flair; aber hervorragende Lage zwischen Altstadt und Meer.

Split
Hotel Bellevue ✳✳✳ Bana Jelačića 2, Tel. 021/58 56 55, Fax. 021/36 23 83. Am Rande des Trg Republike in altem Palast. Hotel für gehobene Ansprüche mit sehr gutem eigenen Restaurant.
Slavija Buvinova 3, Tel. 021/4 70 53. Einfache Unterkunft und daher weitaus günstiger. Ebenso in der Altstadt.

Starigrad Paklenica
Hotel Alan Tel. 023/36 92 36, Fax 023/36 92 03. Etwas heruntergekommen; schöne Alternative ist der dazugehörende Campingplatz am Meer. Die Nationalparkverwaltung (Jadranska b.b., Tel. 0385/23 36 91 55, Fax 0385/23 36 92 02, E-Mail np-paklenica@zd.tel.hr) hat ebenso einen netten Campingplatz.

Veliki Alan
Planinarski Dom, Tel. 01/70 63 76, Handy 099/0 48 09 50. Einfache Berghütte des Bergsteigervereines HPS Zagreb. An verlängerten Wochenenden und in den Sommerferien bewirtschaftet.

Veli Lošinj
Hotel Saturn Obala Maršala Tita, Tel. 051/23 61 02. In einer schönen Villa direkt gegenüber der Kirche.

Vrbnik
Hotel Argentum ✳✳ Supec 68, Tel. 051/85 73 70. Einfaches, aber sauberes Gästehaus.

URLAUB AUF DEM BAUERNHOF

Ein übersichtliches Verzeichnis istrischer Höfe findet man in der Broschüre »Istra – Ruralni turizam«. Zu beziehen bei: Istrien Info, Bayerstr. 24, 80335 München.

WEITWANDERWEGE

Neben Wanderung 30 bietet die Südostküste Istriens mit dem **Labin-Weitwanderweg** (Karte → **Wanderung 2**) sowie das **Biokovo-Gebirge** hervorragende Betätigungsfelder. Infos bei Bergwanderverein HDP Biokovo, Dalmatinska 5, 21300 Makarska, Tel. 021/61 64 55. Man arbeitet gerade am **Küstenwanderweg Kroatien**, Infos unter den E-Mails nataliestimac@hotmail.com oder tps.soler @mails.com.

ZOLL

Fremdwährungen dürfen frei ein- und ausgeführt werden. Kroatische Kuna nur bis zu 2000 Kn. Zum persönlichen Reisegepäck gehören Foto-, Videokamera, Sportzeug etc. Wertvollere professionelle Ausrüstung muss an der Grenze deklariert werden. Darüber hinaus dürfen zollfrei eingeführt werden: 200 Zigaretten oder 250 g Tabak, 1 l Spirituosen, 1 l Wein, 50 ml Parfüm, 500 g Kaffee und 500 g Tee.

SPRACHFÜHRER KROATISCH

Aussprache
c – wie z in Ziel
č – wie tsch in Tschechien
ć – wie tch in Brötchen
đ – wie die Verbindung von d
und j
dž – wie dsch in Dschungel
š – wie sch in Schule
ž – wie j in Journal

Anreden und Umgangsformen

Auf Wiedersehen	dovi đenja
Bitte	molim
Danke	hvala
Entschuldigen Sie	oprostite
Guten Abend	dobra večer
Guten Appetit	dobar tek
Guten Morgen	dobro jutro
Guten Tag	dobar dan
Hallo	zdravo
Ja	da
Nein	ne
Sprechen Sie deutsch?	Govorite linjemački?
Wie viel kostet … ?	Koliko košta …?

Essen und Trinken

Bier	pivo
Brot	kruh
Butter	maslac
Fisch	riba
Fischsuppe	brodet
Forelle	pastrva
Gemischtes vom Grill	miješano meso
Gewürzte Fleischbällchen	čevap- čići
Hühnchen	pile
Kaffee	kava
Kartoffeln	krumpir
Käse	sir
Knoblauch	češnjak
Krebse	rakovi
Milch	milijeko
Olive	maslina
Pastete (mit Fleisch oder Käse gefüllt)	burek

Pfannkuchen	palačinke
Pfeffer	papar
Rechnung	račun
Reis	riža
Rindfleisch	govedina
Rotwein	crno vino
Saft	sok
Salat	salata
Salz	sol
Schinken	šunka
Schweinefleisch	svinjetina
Speisekarte	jelovnik
Suppe	juha
Tee	čaj
Tintenfisch	lignje/ sipe
Tomaten	rajčica
Wasser	voda
Weißwein	bijelo vino
Zucker	šećer
Zwiebel	luk

Unterkunft

Campingplatz	kamping/ autocamp
Doppelzimmer	duplim krevetom
Abendessen	večera
Einzelzimmer	jednim krevetom
Frühstück	doručak
Gästehaus	privatno preno- ćište
Haben Sie Zimmer frei?	Imate li slobodne sobe?
Hotel	hotel
Jugendherberge	omla dinsko preno- ćište
Zimmer	sobe

Verkehr

Abfahrt	odlazak
Bahnof	željezni čka sta- nica
Busbahnhof	autobusni kolodvor
Fähre	trajekt
Fahrplan	vozni red
Straße	cesta/ ulica

Wandern

Ausgang	izlaz
Berg	brdo/ gora
Bergsteigerhütte	planinar ski dom
Bucht	draga
Burg	dvorac
Brücke	most
Dorf	selo
Eingang	ulaz
Feld	polje
Fluß	rijeka
Gebirge	planina
Geradeaus	pravo
Gipfel	vrh
Höhle	peć
Kap	rt
Küste	obala
Links	lijevo
Insel	otok
Osten	istok
Norden	sjever
Rechts	desno
See	jezero
Stadt	grad
Süden	jug
Trinkwasser	pitka voda
Wald	šuma
Weg/ Pfad	put
Westen	zapad
Zurück	nazad

Wochentage

Montag	ponedje lak
Dienstag	utorak
Mittwoch	srijeda
Donnerstag	četvrtak
Freitag	petak
Samstag	subota
Sonntag	nedjelja

Zahlen

1	jedan
2	dva
3	tri
4	četiri
5	pet
6	šest
7	sedam
8	osam
9	devet
10	deset
20	dvadest
30	tridest
50	pedest
100	sto

Register

ISTRIEN & DALMATIEN

TOUREN
KARTEN

1 Zur Ruinenstadt Dvigrad

Etappen: Limski-Kanal – Dvigrad – Limski-Kanal

○	leicht
🚶🚶 km	16 km
🕐	3 ¾ Std.
📈	↑ 160 m ↓ 160 m
☺	ja

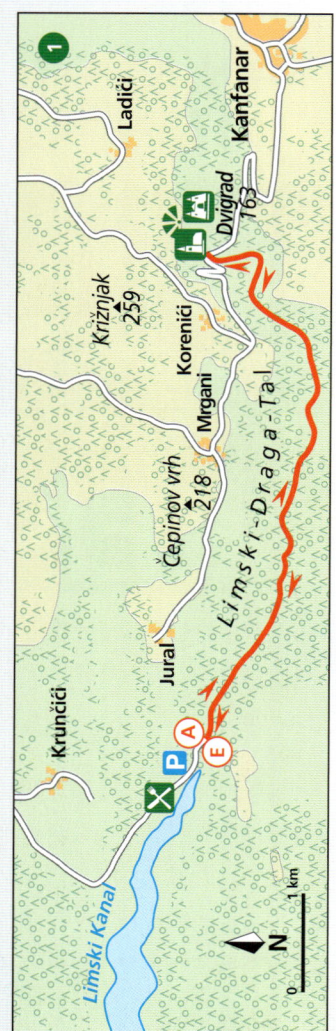

Ausgangs- und Endpunkt: Beginn des Limski-Kanals.
Wanderkarte: »Poreč Bike« 1:50 000 (beim Fremdenverkehrsamt Poreč gratis erhältlich).
Markierung: Keine.
Verkehrsanbindung: Keine öffentlichen Verkehrsmittel. Mit dem Pkw von Poreč über Flengi zum Talboden am Beginn des Limski-Kanals. Hier gleich an dem von links kommenden Feldweg parken.
Einkehr: Die Restaurants Fjord und Viking am Nordufer des Limski-Kanals.
Unterkunft: Poreč oder Rovinj.
Tourist-Info: Poreč oder Rovinj.
Tel. 052/42 57 97.

2 Zum Aussichtsberg Oštri

Etappen: Skitača – Oštri – Skitača

Ausgangs-/Endpunkt: Kirchenvorplatz von Skitača.
Wanderkarte: Planinarsko Turustička Karta »Labin«, 1:60 000, Hrsg.: PD » Skitači« Labin.
Markierung: Rot/weiß.
Verkehrsanbindung: (Nur mit eigenem Pkw.) In Labin folgt man zunächst der Beschilderung »Sv. Marina«, dann »Ravni«. In Ravni folgt man rechts dem Schild »Skvaranska/Cerovica« und gelangt über eine zum

Teil sehr steile und schmale Straße über diese Weiler zum Bergdorf Skitača.
Einkehr: Kleines Fischrestaurant Maestral direkt am Meer unterhalb von Ravni.
Unterkunft: Campingplatz bei Sv. Marina, Tel. 052/87 90 52; Apartments in Ravni (von privat).
Tourist-Info: In Labin, Tel. 052/85 55 60.

3 Am schroffen Kamm des Sisol

Etappen: Restaurant Vidikovac – Bukovo – Sisol – Brseč

anspr.

12 km

5 Std.

↑ 850 m
↓ 870 m

Ausgangspunkt: Restaurant Vidikovac.
Endpunkt: Brseč.
Wanderkarte: Planinarsko Turustička Karta »Labin«,
1:60 000, Hrsg.: PD »Skitači« Labin.
Markierung: Rot/weiß.

Verkehrsanbindung: Von Opatija über Lovran und
Brseč zum Aussichtslokal Vidikovac. Auch mit öffent-
lichem Bus Rijeka – Labin.
Einkehr: Aussichtslokal Vidikovac.
Unterkunft: Privatzimmer in Brseč.
Tourist-Info: Keine.

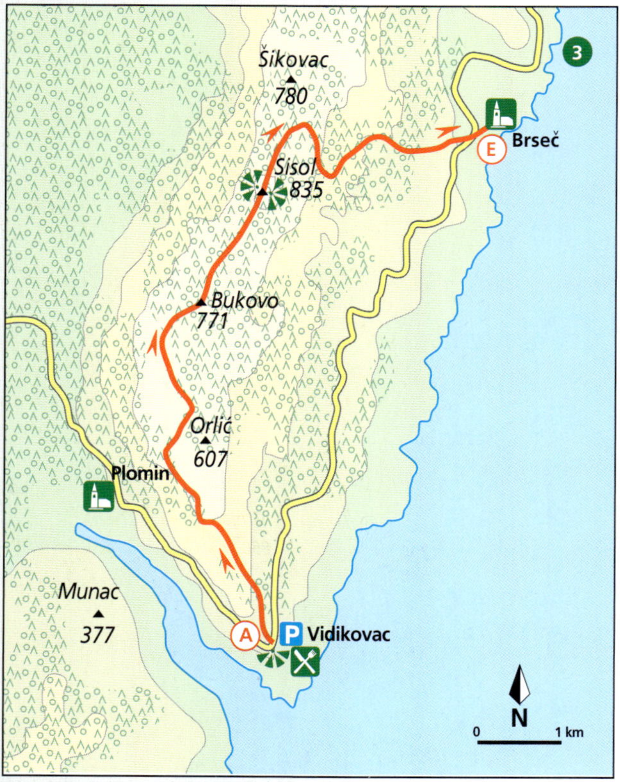

4 Zum höchsten Punkt des Učka-Gebirges

Etappen: Lovran – Liganj – Vojak – Liganj – Lovran

anspr.

15 km

6 ¼ Std.

↑ 1400 m
↓ 1400 m

Ausgangs-/Endpunkt: Lovran.
Wanderkarte: Planinarsko Turustička Karta »Labin«, 1:60 000, Hrsg.: PD » Skitači« Labin.
Markierung: Rot/weiß und »RT«.
Verkehrsanbindung: Direkt an der Küstenstraße Opatija – Pula. Von Opatija kommend in Lovran bei Taxischild rechts hoch. »Trg Slobude«. Etwas oberhalb rechts ein Parkplatz. Nach Lovran auch mit öffentlichem Bus.
Einkehr: Unterwegs keine.
Unterkunft: Lovran.
Tourist-Info: Lovran.

5 Auf die Fluchtburg Veprinac

Etappen: Opatija – Veprinac – Opatija

○	leicht
🚶🚶 km	8 km
🕐	2 ¼ Std.
⛰	↑ 500 m ↓ 500 m
☺	ja

Ausgangs-/Endpunkt: Opatija.
Wanderkarte: Keine.
Markierung: Teils rot/weiß, teils grüne Wegweiser.
Verkehrsanbindung: Direkt an der Küstenstraße Rijeka – Pula. Auch mit öffentlichem Bus erreichbar.

Einkehr: Bar im neueren Ortsteil von Veprinac.
Unterkunft: Opatija.
Tourist-Info: Opatija.

Wanderkompakt Istrien und Dalmatien
Bruckmann

6 Auf den Blumengipfel Veli Planik

Etappen: Poklon-Pass – Veli Planik – Poklon-Pass

 leicht

 16 km

 3 ¾ Std.

↑ 330 m
↓ 330 m

☺ ja

Ausgangs-/Endpunkt: Poklon-Pass.
Wanderkarte: Keine.
Markierung: Rot/weiß.
Verkehrsanbindung: Von Rijeka über Matulji und Veprinac zum Poklon-Pass. Darauf achten, dass man nicht in den Učka-Tunnel hineinfährt! Von Statina (Opatija) fahren öffentliche Busse (Linie 34) und auch von Rijeka (Linie 23 bis Matulij; Abfahrt jeweils 9:30 Uhr). Dort hat man direkten Anschluss zum Poklon-Pass.
Einkehr: Poklon-Pass.
Unterkunft: Poklon-Pass.
Tourist-Info: Keine.

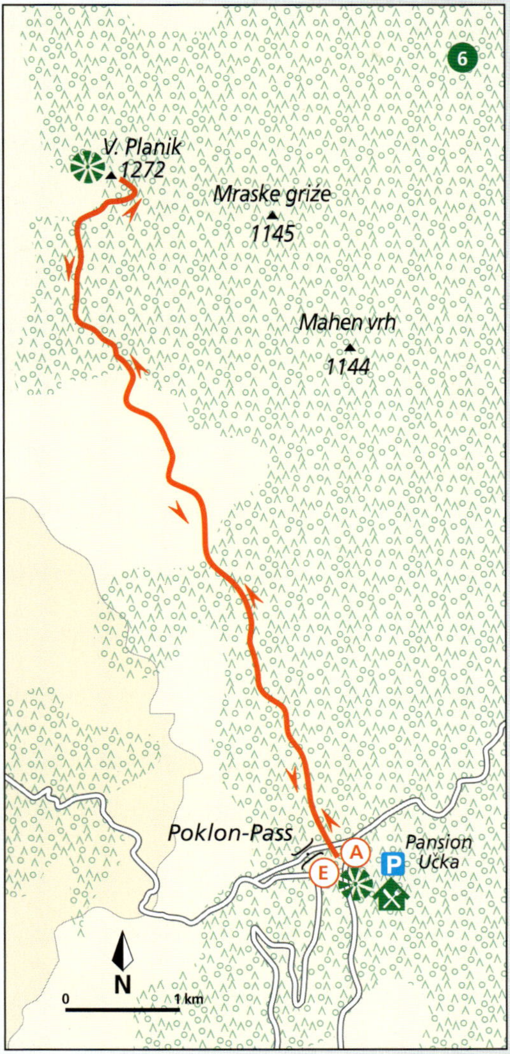

7 Von Platak auf den Snježnik

Etappen: Platak – Snježnik – Abstecher Guslica – Platak

Ausgangs-/Endpunkt: Planinarski dom Platak.
Wanderkarte: Nacionalni Park Risnjak, 1:23 000,
J.U.N.P. Risnjak, Bijela Vodica 48, Crni Lug.
Markierung: Rot/weiß.
Verkehrsanbindung: (Nur mit eigenem Pkw:) Von der
Abzweigung zum Platak (siehe folgende Wanderung)
auf schmaler Straße zur Hochfläche Platak. Gerade-

aus wieder in den Wald und in Höhe des Planinarski
dom Platak parken.
Einkehr: Berghütte Su?ak am Anfang der Platak-Hoch-
fläche.
Unterkunft: S. o.
Tourist-Info: Keine.

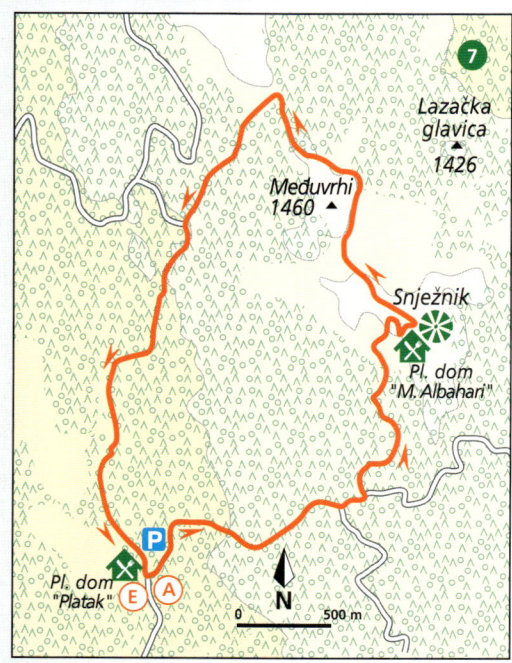

Etappen: Abzweigung Platak – Vela Pliš – Abzweigung Platak

leicht

7 km

3 Std.

↑ 450 m
↓ 450 m

ja

Ausgangs- und Endpunkt: Abzweigung »Platak« an der Straße nach Delnice.
Wanderkarte: Keine.
Markierung: Rot/weiß.
Verkehrsanbindung: Nur mit Pkw. Von Rijeka auf der Autobahn Richtung Zagreb, Abfahrt Cavle – Autodrom. Kurz parallel zur Autobahn und dann nach

links; Schild »Platak«. Nach ca. 6 km Abzweigung scharf links »Platak«. Hier parken.
Einkehr: Unterwegs keine.
Unterkunft: Berghütte Sušak auf dem Plateau Platak (8 km).
Tourist-Info: Keine.

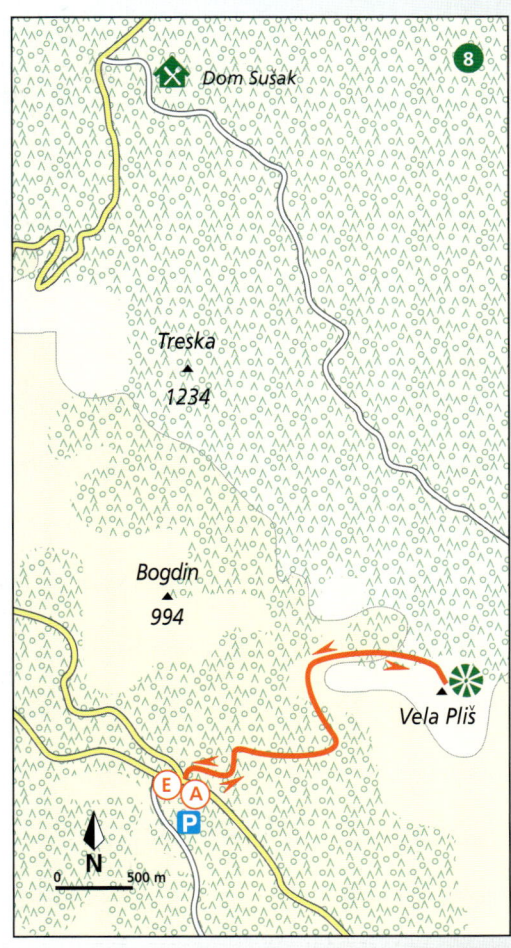

9 Im Risnjak-Nationalpark

Etappen: Eingang Nationalpark – Risnjak – Medvjeda vrata – Eingang Nationalpark

mittel	
20 km	
5 ½ Std.	
↑ 700 m ↓ 700 m	

Ausgangs-/Endpunkt: Eingang der Nationalparkverwaltung.

Wanderkarte: Nacionalni Park Risnjak, 1:23 000, J.U.N.P. Risnjak, Bijela Vodica 48, Crni Lug.

Markierung: Rot/weiß.

Verkehrsanbindung: Von Rijeka wie bei Wanderung 1 und weiter Richtung Delnice. Am Pass G. Jelenje geradeaus nach Crni Lug. Hier links abbiegen zum Na-

tionalpark (beschildert). Crni Lug ist montags bis freitags mit dem Bus aus Delnice zu erreichen.

Einkehr: Restaurant der Nationalparkverwaltung (ganzjährig geöffnet) und Berghütte unterhalb des Gipfels (in der Hochsaison bewirtschaftet).

Unterkunft: Nationalparkverwaltung (5 Zimmer mit 20 Betten) und Pensionen in Crni Lug.

Tourist-Info: Keine.

Wandernkompakt Istrien und Dalmatien
Bruckmann

10 Zur Teufelsklamm Vražji prolaz

Etappen: Skrad – Zeleni Vir – Vražji prolaz – Skrad

○	leicht
🏃 km	8 km
🕐	2¼ Std.
⛰	↑ 380 m ↓ 380 m
☺	ja

Ausgangs-/Endpunkt: Hauptstraße von Skrad.
Wanderkarte: Keine.
Markierung: Rot/weiß.
Verkehrsanbindung: Skrad liegt direkt an der Hauptstraße N. 3 Rijeka – Karlovac und wird auch von öffentlichen Bussen bedient.

Einkehr: Gasthof Zeleni Vir auf der Hälfte der Wanderung (geöffnet an Wochenenden und in der Hauptsaison).
Unterkunft: Hotel Zeleni Vir in Skrad.
Tourist-Info: Delnice (15 km westlich von Skrad).

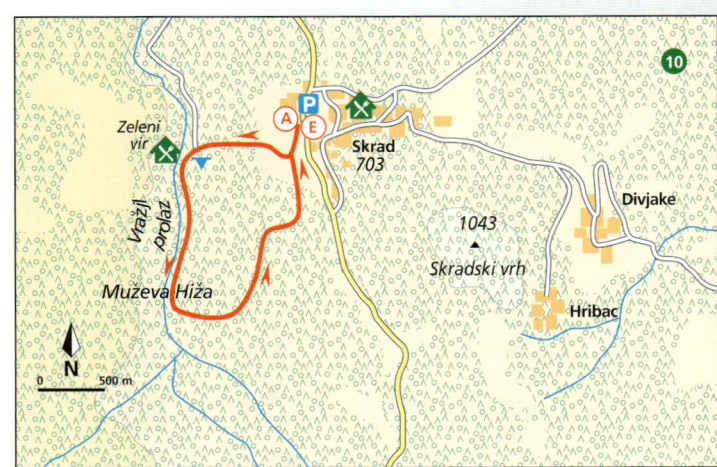

11   Zu Ruinen westlich von Beli

Etappen: Beli – Stepiči – Niska – Jama Campari – Beli

⬤	leicht
🥾 **km**	11 km
🕐	3 Std.
▲	↑ 300 m ↓ 300 m
☺	ja

Ausgangs- und Endpunkt: Beli.
Wanderkarte: Keine.
Markierung: Rot/weiß bzw. blau/weiß.
Verkehrsanbindung: Von Cres auf der Straße Nr. 100 bis zur Abzweigung »Beli« und weiter auf schmalem Sträßchen bis vor den Ort.
Einkehr: Beli.
Unterkunft: Campingplatz unterhalb von Beli.
Tourist-Info: Keine.

---

12   Auf den höchsten Berg von Mali Lošinj

Etappen: Nerezine – Sv. Nicola – Vrh Televrin – Osor

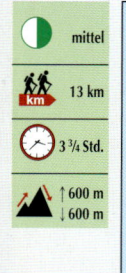

◑	mittel
🥾 **km**	13 km
🕐	3 ¾ Std.
▲	↑ 600 m ↓ 600 m

Ausgangspunkt: Nerezine.
Endpunkt: Osor.
Wanderkarte: Turističko Prometna Karta Otoka »Mali Lošinj«, Hrsg.: Fremdenverkehrsamt Mali Lošinj.
Markierung: Rot/weiß.
Verkehrsanbindung: Von Cres auf der Hauptstraße nach Osor und weiter nach Nerezine. Hier befindet sich links unterhalb der Hauptstraße (noch vor der Fußgängerzone) ein größerer Parkplatz. Auch mit öffentlichem Bus Cres – Lošinj.
Einkehr: Nerezine bzw. Osor.
Unterkunft: Nerezine bzw. Osor.
Tourist-Info: Keine.

13 Zu idyllischen Buchten und Konobas

Etappen: Veli Lošinj – Uvala Balvanida – Uvala Krivica – Veli Lošinj

○	leicht
🚶🚶 km	11 km
🕐	2 ¾ Std.
▲	↑ 370 m ↓ 370 m
☺	ja

Wandernkompakt Istrien und Dalmatien
Bruckmann

Ausgangs-/Endpunkt: Veli Lošinj.
Wanderkarte: Turistička Prometna Karta Otoka »Mali Lošinj«, Hrsg.: Fremdenverkehrsamt Mali Lošinj.
Markierung: z.T. rot/weiß.
Verkehrsanbindung: Von Cres über Mali Lošinj nach Veli Lošinj (auch mit öffentlichem Bus).
Einkehr: Konoba Balvanida. Geöffnet von April bis September, kein Ruhetag.
Unterkunft: Veli Lošinj.
Tourist-Info: Veli Lošinj.

14 An der Ostküste der Insel Krk

Etappen: Vrbnik – Uvala Sv. Juraj – Hochfläche – Uvala Sv. Juraj – Vrbnik

●	anspr.
🚶🚶 km	11 km
🕐	3 ¾ Std.
▲	↑ 300 m ↓ 300 m

Wandernkompakt Istrien und Dalmatien
Bruckmann

Ausgangs-/Endpunkt: Vrbnik.
Wanderkarte: Izletnička Karta »Krk«, Hrsg.: RIMA d.o.o. Rijeka.
Markierung: Keine.
Verkehrsanbindung: Von Krk Richtung Baška und nach Sv. Dunat links nach Vrbnik abbiegen. Hierher auch mit öffentlichem Bus.
Einkehr: Vrbnik.
Unterkunft: Vrbnik.
Tourist-Info: Keine.

15 Über die Hochflächen von Krk

Etappen: Baška – Batomalj – Stara Baška – Batomalj – Baška

mittel

16 km

5 Std.

↑ 400 m
↓ 400 m

ja

Ausgangs-/Endpunkt: Baška.
Wanderkarte: »Baška - Turističke Obliježene Staze«, Hrsg.: T.Z.O. Baška (gratis erhältlich).
Markierung: Grün/weiß.
Verkehrsanbindung: Von Rijeka über Krk auf der Hauptstraße (Nr. 29) direkt nach Baška. Mehrmals täglich auch mit öffentlichem Bus.
Einkehr: Stara Baška.
Unterkunft: Baška.
Tourist-Info: Baška.

16 Um die Seen im Nationalpark Plitvic

Etappen: Nationalpark Eingang 1 – Kozjak-See – Obere Bootsanlegestelle – Nationalpark Eingang 1

leicht

11 km

4 Std.

↑ 540 m
↓ 540 m

Ausgangs-/Endpunkt: Nationalpark Eingang 1.
Wanderkarte: Wanderkarte (keine topografische) am Eingang erhältlich.
Markierung: Diverse (unübersichtlich).
Verkehrsanbindung: Direkt an der Hauptstraße Nr. 1 Zagreb – Zadar gelegen. Wird auch von öffentlichen Bussen bedient.

Einkehr: Imbissbuden am Eingang und am Kozjak-See.
Unterkunft: Hotels und Campingplatz der Nationalparkverwaltung.
Tourist-Info: Nationalparkverwaltung.

17 Plitvicer Seen – Obere Seenrunde

Etappen: Eingang 2 – Galovac Jezero – Prošćansko Jezero – Gradinsko Jezero – Eingang 2

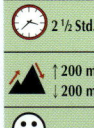

leicht

9 km

2 ½ Std.

↑ 200 m
↓ 200 m

ja

Ausgangs-/Endpunkt: Eingang 2 des Nationalparks.
Wanderkarte: Wanderkarte (nicht topografisch) am Eingang erhältlich.
Markierung: Diverse (unübersichtlich).
Verkehrsanbindung: Direkt an der Hauptstraße Nr. 1 Zagreb – Zadar gelegen. Wird auch von öffentlichen Bussen bedient. Der Parkplatz 2 befindet sich wenige Kilometer südlich von Parkplatz 1.
Einkehr: Imbissstände am Parkplatz 2.
Unterkunft: Hotels und Campingplatz der Nationalparkverwaltung.
Tourist-Info: Nationalparkverwaltung.

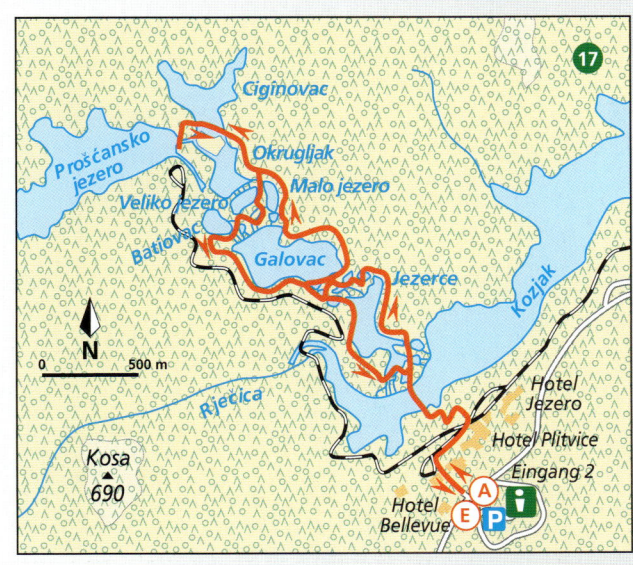

18 Über den Vučjak

Etappen: Oltari – Berghütte – Premužić-Weg – Schutzhütte Rossijevo Sklonište

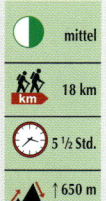

mittel

18 km

5 ½ Std.

↑ 650 m
↓ 150 m

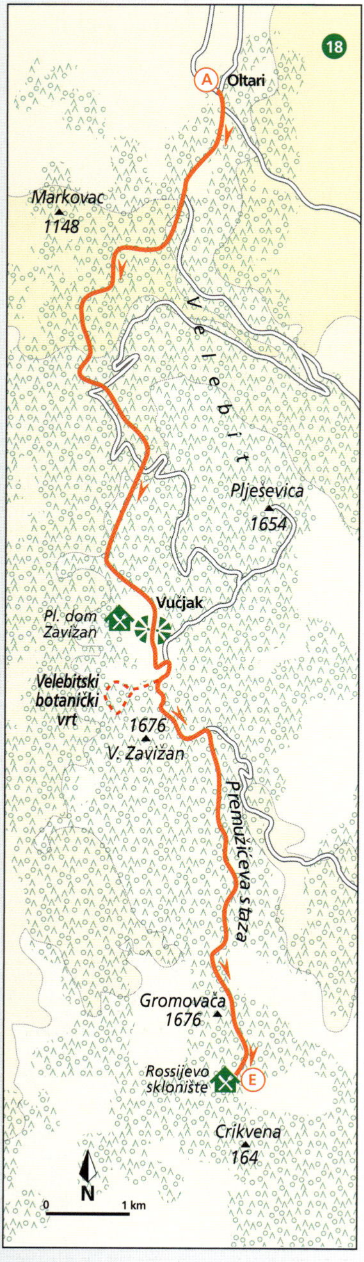

Ausgangspunkt: Bergdorf Oltari.
Endpunkt: Schutzhütte Rossijevo Sklonište – Selbstversorgerhütte!
Wanderkarte: Planinarska Karta »Sjeveni Velebit«, SMAND Verlag, Vidovec.
Markierung: Rot/weiß.
Verkehrsanbindung: Kurz nach Sveti Juraj (9 km südlich von Senj) biegt man von der Küstenstraße links ins Gebirge ab und erreicht nach 11 km das Bergdorf Oltari. Öffentlich erreichbar Mo–Sa mit der Linie Senj – Sv. Juraj – Oltari – Krasno (Abfahrt ab Senj um 5:00 Uhr!). An Schultagen fährt vormittags noch ein Bus von Sveti Juraj nach Oltari. Wenn man einen der beiden Busse nimmt, bleibt das Auto in Sv. Juraj bzw. Senj stehen. Das erleichtert die Rückkehr von Jablanac (siehe Wanderung 19) ungemein.
Einkehr: Unterwegs keine.
Unterkunft: Schutzhütte Rossijevo Sklonište – Selbstversorgerhütte!
Tourist-Info: Keine.

A Oltari

Markovac
1148

V e l e b i t

Plješevica
1654

Vučjak

Pl. dom
Zavižan

Velebitski
botanički
vrt

1676
V. Zavižan

Premužićeva staza

Gromovača
1676

Rossijevo
sklonište **E**

Crikvena
164

0   1 km   N

19 Vom Velebit-Hauptkamm bis zum Meer

Etappen: Rossijevo Sklonište – Pass Veliki Alan – Jablanac

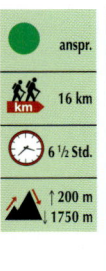

anspr.

16 km

6 ½ Std.

↑ 200 m
↓ 1750 m

Wandernkompakt Istrien und Dalmatien
Bruckmann

Ausgangspunkt: Schutzhütte Rossijevo Sklonište – Selbstversorgerhütte!
Endpunkt: Jablanac.
Wanderkarte: Planinarska Karta »Sjeveni Velebit«, SMAND Verlag, Vidovec.
Markierung: Rot/weiß.
Verkehrsanbindung: Rückkehr zum Auto: Bus Jablanac – Sv. Juraj 6.30 Uhr und 16.30 Uhr. (Zeiten können sich ändern, deswegen im Ort nachfragen!) Bus Sv. Juraj – Oltari um 14:10 Uhr (an Schultagen auch vormittags) oder per Autostopp.
Einkehr: Berghütte Veliki Alan an verlängerten Wochenenden und in den Sommerferien bewirtschaftet. Restaurant Oaze in Jablanac.
Unterkunft: Jablanac.
Tourist-Info: Keine.

20 Zum höchsten Punkt der Insel Pag

Etappen: Hauptstraße bei Kolan – Sveti Vid – Hauptstraße bei Kolan

mittel

8 km

2 Std.

↑ 200 m
↓ 200 m

Wandernkompakt Istrien und Dalmatien
Bruckmann

Ausgangs-/Endpunkt: Straßenkurve südlich von Kolan (nur mit Pkw).
Wanderkarte: Keine.
Markierung: Rot/weiß.
Verkehrsanbindung: Von Pag über Šimuni, von Zigljen über Novalja nach Kolan.

Einkehr: Unterwegs keine.
Unterkunft: Pag.
Tourist-Info: Pag.

Etappen: Milovci – Bojin Kuk – Milovci

mittel

16 km

5 ¼ Std.

↑ 1050 m
↓ 1050 m

Ausgangs-/Endpunkt: Milovci.
Wanderkarte: Planinarska Karta »Paklenica« Nr. 19, SMAND Verlag, Vidovec.
Markierung: Rot/weiß.
Verkehrsanbindung: 1,6 km nördlich des Ortschildes von Starigrad verlässt man rechts die Küstenstraße und folgt dem kleinen Schild »Milovci« zu dem nahe gelegenen Dorf. Man kann das Dorf auch mit der Buslinie Zadar – Senj erreichen, wobei man dem Fahrer sagen muss, dass er in Milovci halten soll.
Einkehr: Unterwegs keine Möglichkeit.
Unterkunft: Starigrad Paklenica.
Tourist-Info: Nationalparkverwaltung in Starigrad.

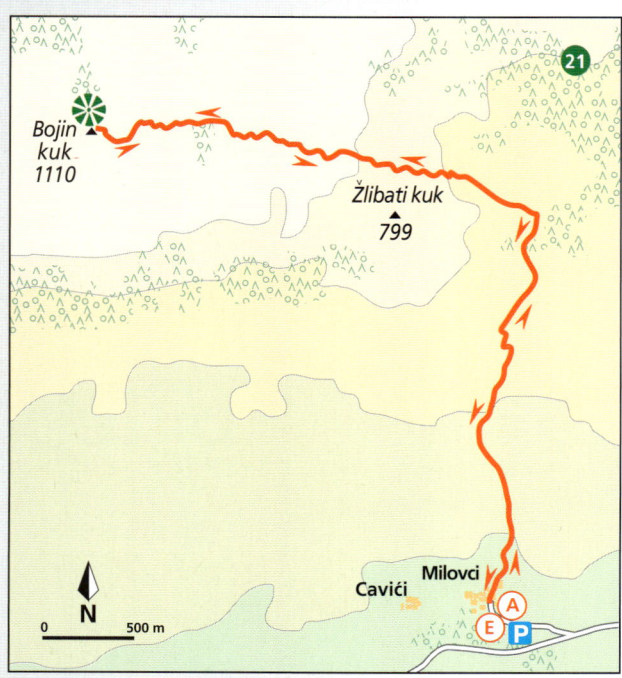

22   In die Paklenica-Schlucht

Etappen: Mala Paklenica – Velika Paklenica

anspr.

13 km

4 ¾ Std.

↑ 700 m
↓ 700 m

Ausgangspunkt: Parkplatz am Beginn der Mala Paklenica.
Endpunkt: Eingang des Nationalparks an der Velika Paklenica.
Wanderkarte: Planinarska Karta Nr. 19 »Nacionalni Park Paklenica«, SMAND Verlag, Vidovec.
Markierung: Erst rot/weiß und »P«, dann rot/weiß und »2«.
Verkehrsanbindung: Auf der Küstenstraße über Karlobag nach Starigrad Paklenica und weiter nach Seline.

Hier dem Schild »Mala Paklenica« links und dann immer dem markantesten Feldweg (zum Schluss rechts) zum Parkplatz folgen. Die Busse der Linie Rijeka – Senj – Zadar halten auch in Starigrad.
Einkehr: Unterwegs keine.
Unterkunft: Starigrad Paklenica.
Tourist-Info: Nationalparkverwaltung in Starigrad.

23 Bei den Krka-Wasserfällen

Etappen: Haupteingang – Holzstege – Visovačko Jezero – Skradinski Brut – Haupteingang

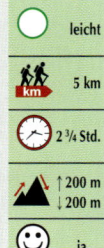

leicht

5 km

2 ¾ Std.

↑ 200 m
↓ 200 m

ja

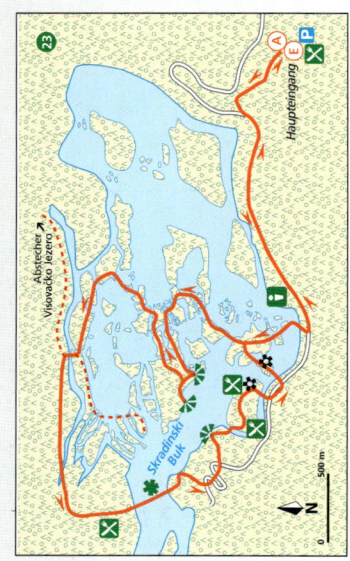

Ausgangs-/Endpunkt: Haupteingang des Nationalparks.
Wanderkarte: Keine.
Markierung: Wegweiser mit Fußsymbol.
Verkehrsanbindung: Bei Šibenik verlässt man die Küstenstraße bei der Ausfahrt »N.P. Krka«. Nun auf der Straße nach Drniš weiter, bis in Losovac weitere Schilder erst nach links, dann nach rechts zum Haupteingang leiten. Hierher von Šibenik aus auch mit öffentlichem Bus.
Einkehr: Café/Bar beim Mühlenmuseum am Ende der Tour.
Unterkunft: Šibenik.
Tourist-Info: Šibenik.

24 Zur Gipfelkirche Sveti Luka

Etappen: Kaštela-Kambelovac – Sveti Luka – Kaštela-Kambelovac

anspr.

9 km

4 ¾ Std.

↑ 720 m
↓ 720 m

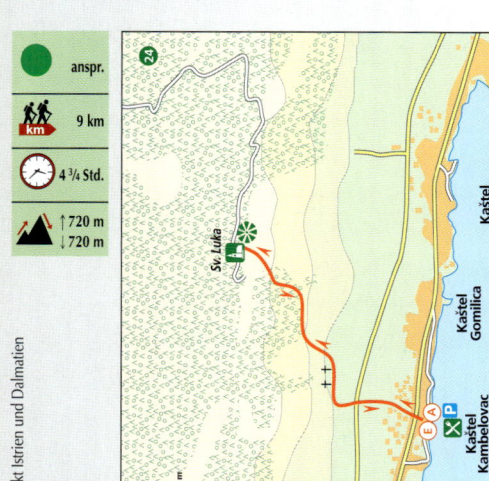

Ausgangs-/Endpunkt: Kaštela-Kambelovac.
Wanderkarte: Keine.
Markierung: Rot/weiß.
Verkehrsanbindung: Nur mit Pkw. Von der Küstenstraße bei Trogir rechts ab. Weiter den Schildern »Kaštela« folgen. In Kaštela-Kambelovac an der Hauptkreuzung links (Café Raffaelo) der Straße bergauf folgen. An einer Gabelung hält man sich links und folgt der Straße weiter bis zu einer Steinmauer mit Marienstatue auf der rechten Seite. Hier parken.
Einkehr: Kaštela-Kambelovac.
Unterkunft: Split.
Tourist-Info: Split.

25 Split und Marjan-Halbinsel

Etappen: Altstadt Split – Telegrin – Westspitze von Marjan – Altstadt Split

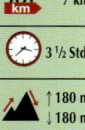

leicht

7 km

3 ½ Std.

↑ 180 m
↓ 180 m

ja

Ausgangs-/Endpunkt: Hafenpromenade von Split.
Wanderkarte: Stadtplan Split, Hrsg.: Fremdenverkehrsamt der Stadt Split (gratis dort erhältlich).
Markierung: Keine.
Verkehrsanbindung: Von Rijeka über Zadar auf der Adria Magistrale direkt nach Split. Auch mit öffentlichem Bus erreichbar.
Einkehr: Split.
Unterkunft: Split.
Tourist-Info: Split.

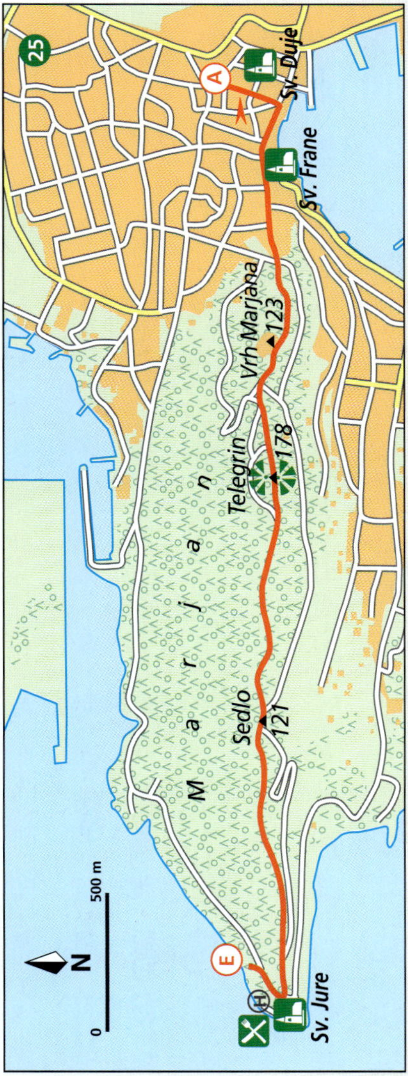

26 Auf den Mosor-Gipfel

Etappen: Sitno Gornje – Planinarski Dom Umberto Girometta – Mosor – Planinarski Dom Umberto Girometta – Sitno Gornje

mittel

11 km

4 Std.

↑ 800 m
↓ 800 m

Ljubljan
1262

Mosor
1331

Pl. dom
Girometta

Vidlica
913

Sitno
Gornje 496

N 0   500 m

26

Wandernkompakt Istrien und Dalmatien
Bruckmann

Ausgangs-/Endpunkt: Sitno Gornje.
Wanderkarte: Keine.
Markierung: Rot/weiß.
Verkehrsanbindung: Von Split kommend in Strobec nach dem Fluss die erste Straße links weg nach Zrnovnica. Dort hinter zwei Pizzerias links dem Schild »Sitno Gornje« folgen. Durch Sitno Donje hindurch, scharfe Kehre an den letzten Häusern. Bei der nächsten Straßengabelung geradeaus nach Sitno Gornje. Von Split aus mit der Linie Nr. 28 Richtung Dubrava erreichbar. An Werktagen neunmal, an Wochenenden fünfmal täglich; Abfahrt am Ende der Riva (Promenade) am Kula-Turm.
Einkehr: Berghütte (an Wochenenden) und zwei Gasthäuser am Ausgangspunkt.
Unterkunft: Split.
Tourist-Info: Split.

---

27 An der Südküste von Brač

Etappen: Murvica – Farska – Blaca – Farska – Murvica

mittel

15 km

5 Std.

↑ 250 m
↓ 250 m

Ausgangs-/Endpunkt: Murvica.
Wanderkarte: Keine.
Markierung: Zum Teil rot/weiß.
Verkehrsanbindung: Nur mit dem Auto. Von Bol Richtung Zlatni Rat, in scharfer Linkskurve nach rechts

dem Schild »Murvica« folgen und nach wenigen Kilometern dort parken.
Einkehr: Unterwegs keine.
Unterkunft: Bol.
Tourist-Info: Bol.

Wandernkompakt Istrien und Dalmatien
Bruckmann

Blaca

Urala Blaca

Farska

Dračeva

Murvica

Vidova
Gora
778

Gornji
Humac

Bol

Zlatni rat

27

N 0   1 km

28 Auf den Vidova Gora

Etappen: Bol – Vidova Gora – Bol

mittel

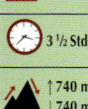

12 km

3 ½ Std.

↑ 740 m
↓ 740 m

Ausgangs-/Endpunkt: Kirchlein oberhalb von Bol.
Wanderkarte: Keine.
Markierung: Zum Teil rot/weiß.
Verkehrsanbindung: Auf dem Weg hinunter nach Bol an der Hauptstraße vor großem weißen Haus (Schild »Zlatni Rat-Skladiste Service«) rechts weg in kleine Straße; gerade bergan und oberhalb von der Kapelle parken. Bol ist auch mit dem Bus erreichbar.
Einkehr: Gasthaus am Gipfel des Vidova Gora.
Unterkunft: Bol.
Tourist-Info: Bol.

Wandernkompakt Istrien und Dalmatien
Bruckmann

29 Auf den Sveti Jure

Etappen: Planinarski Dom Vošac – Sveti Jure – Planinarski Dom Vošac

mittel

12 km

3 ¾ Std.

↑ 450 m
↓ 450 m

Ausgangs-/Endpunkt: Planinarski Dom Vošac.
Wanderkarte: Keine.
Markierung: Rot/weiß.
Verkehrsanbindung: (Nur mit Pkw) Kurz hinter Makarska links weg (Schild »Vrgorac«) und hinter dem Dorf Gornji Tučepi wieder links abbiegen (Schild »Sv. Jure – Biokovo«). Man folgt der schmalen Mautstraße in wilden Kehren zur Passhöhe. Dahinter flacher weiter bis zur Gabelung beim Schild »Vošac«; hier links und auf dem Parkplatz bei der Hütte parken (22 km).
Einkehr: Berghütte Planinarski Dom Vošac oder Bergrestaurant Vrata Biokova.
Unterkunft: Makarska.
Tourist-Info: Makarska.

Wandernkompakt Istrien und Dalmatien
Bruckmann

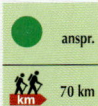

anspr.

70 km

3-4 Tage

Ausgangspunkt: Oltari.
Endpunkt: Baške Oštarije.
Wanderkarte: Planinarska Karta »Velebit«, SMAND Verlag, Vidovec.
Markierung: Rot/weiß.
Verkehrsanbindung: Nach Oltari siehe Wanderung 18. Von Baške Oštarije zur Küstenstraße mit öffentlichem Bus Gospić– Karlobag (mehrmals täglich).

Einkehr: Berghütte Veliki Alan, nur an (Ferien-)Wochenenden bewirtschaftet; Hotel/Restaurant Velebno in Baške Oštarije.
Unterkunft: Veliki Alan, Baške Oštarije und freies Biwakieren.
Tourist-Info: Keine.

Wandernkompakt Istrien und Dalmatien
Bruckmann